Gospel Harmony

ゴスペルハーモニー

君に贈る5つの話

宮平 望［著］
Miyahira Nozomu

新教出版社

目次

はじめに

このエッセー集は、『ゴスペルエッセンス　君に贈る5つの話』（新教出版社）、『ゴスペルフォーラム　君に贈る5つの話』（新教出版社）、『ゴスペルスピリット　君に贈る5つの話』（新教出版社）の続編です。今回も大学の講義などで私が話していたことや、これから話そうと思っていることを収録しています。まず、本書を出版するに当たり、各章の経緯に触れたいと思います。

第1章は、昔から側聞していて脳裏に揺曳していたドレミの起源を調べ直した成果です。主として人の口を通して伝承される中世の歌を文献的に調べることの難しさと楽しさを同時に感じました。

第2章では、数えるというごく日常的な行為の背景にある深い意義を堪能しました。現代のフッサールを通して古代のユークリッドの本にまで逆上りましたが、学問の世界を散策する醍醐味を味わうことができました。

第3章は、拙著『ゴスペルエッセンス』で三拍子のリズムについて記した際に、課題として残されていた問題、つまり実際に三拍子のリズムは二拍子の戦争行進リズムを止めることができるのかということに対する一つの回答を提示しています。この章では種々のウェブサイトやデータベースも活用されています。

第4章は、かつて私が編集していた『月刊基督者　一九九〇年5月　第8号』、『月刊基督者　一九九〇年6月　第9号』、『月刊基督者　一九九〇年7月　第10号』、『月刊基督者　一九九〇年8月　第11号』に自ら連載した「キリストに背負われる人とキリストを背負う人」を一つにまとめ直し、大幅に加筆修正したものです。

第5章は、日頃から愛読している事典類の中でも一番のお気に入りである語源辞典の中から出て来たアイデアです。

なお、聖書引用については、『聖書　新共同訳』（日本聖書協会、1987）も参照しました。

いつの時代にもどの場所にも、摩擦や不和や衝突があります。人と人の場合もあれば、組織と組織、または国と国という最悪の場合もあります。人と組織または人と国家、さらには組織と国家という非対称的な対立もあります。一人の個人の中でも幾つもの考えや気持ちの葛藤があって、ざらざらとした感触が澱んでいることがあるかもしれません。ハーモニー（調和）は、各々の特性や役割を生かしながら共存することによって成り立ちますが、キリスト教の福音はまず神と各人の調和、和解を説きます。このゴスペル（良き知らせ）に基づくハーモニーがさまざまな形で実現されることを願って、再び本書を世に送ります。

なお、本書は二〇一九年度（平成三一年度）西南学院大学「研究費及び渡航費を支給する在外研究員（b）」として遂行された「ユダヤ・キリスト教の理念と現実」の研究成果の一部です。このような機会を与えてくださった西南学院大学と国際文化学部、学術研究所、並びにそれらの関係諸氏に深く感謝申し上げます。

第１章　「ド」はドミネの「ド」

「ドレミの歌」のキリスト教的起源

1　「ドレミの歌」

小学校で習う基本的な歌に「ドレミの歌」があります。基本的であるのは、この歌の前半には各々ドレミファソラシで開始される七音階を網羅するメロディーがあり、後半には「ドレミファソラシド」とその逆の「ドシラソファミレド」という階段を一段ずつ上って一段ずつ下りるような単純なスケールが続き、その後にはドミソという基本的な和音が「ドミミ、ミソソ」という形で紹介されているからです。

このドレミファソラシドの起源は何でしょうか。この歌は多くの人々が小さい頃から聞き覚えのある基本的な歌です。そこで、このドレミファソラシドの成立の契機や各階名の意味を調べてみましょう。

2　「ド」はドーナツの「ド」

日本では戦時中一九四〇年から一時的にハニホヘトイロハを使用したことがありますが、明治期以降、学校教育でドレミファソラシドを採用しています。多くの人々は「ドレミの歌」を通してこの七音階に慣れ親しんでいると思います。この歌は一九七四年からは主として小学校三年生の音楽の教科書に掲載されているようで（川崎洋『心にしみる教科書の歌』いそっぷ社／二〇〇三年）、日本語歌詞はタレントとしても活躍した日本の代表的な歌手ペギー葉山（一九三三年―二〇一七年）によるものです。

確かに、教育出版社による最近の音楽の小学校教科書を調べてみますと、「ドレミの歌」の譜面は三年生の教科書で登場し、四年生の教科書では「サウンド・オブ・ミュージック」の簡単な紹介と共に「エーデルワイス」が譜面・写真付きで掲載されています。教育芸術社による音楽の小学校教科書で「ドレミの歌」は、二年生の教科書で簡潔に日本語詞を図像入りで記載し、四年生の教科書で強弱記号などの入った譜面を導入しています。

ペギー葉山はアメリカ・ロサンゼルスで一九六〇年夏に開催された日米修好百年祭に招待されて参加した後に、ミュージカルの本拠地であるニューヨークのブロードウェーに足を運び、「サウンド・オブ・ミュージック」を観劇して感激、早速、劇場の売店で譜面を入手し、ホテルに戻って訳詞を試みます（以下、読売新聞文化部『唱歌・童謡ものがたり』岩波書店／一九九九年も参照）。この時、葉山は子どもがみんな元気よく歌い易いように、ドはドーナツのド、レはレモンのレ、ミはミカンのミとしたところで、ファは子どもに馴染みのあるものとしてファンタが思い付いたものの、商品名であることから避けて、ファイトにしたそうです。以下、青い空、ラッパ、幸せと開放的で元気のいい調子になります。こうして推敲を経て、帰国後には原曲にない二番も作られ、現在の形になっています。

ただし、一九六五年から日本で公演された往時の「サウンド・オブ・ミュージック」では、オーストリアを背景とするミュージカルでアメリカ的なドーナツを使うことに対する違和感などからペギー葉山訳は使用せず、「ドレミの歌」の場面では主人公マリアが例えば部屋に置かれた「レ」ンズ、「ミ」ルク、「ソ」ファ、「ラ」ンプを示す形にするなど、演出の工夫がなされたとのことです。現在、劇団四季によるミュージカル「サウンド・オブ・ミュージック」ではペギー葉山訳が採用されています。

興味深いことに、教育出版社による音楽の小学校教科書の「教師用指導書」の「指導編」や「研究編」では、生徒に「ドは○○○のド」と自由に創作させることや、動作付きで楽しく歌わせる指導も勧められています。これは、「音楽」が単に「音学」であるだけでなく、時、所、状況に応じて人々の心に柔軟に活着し、文字どおり「音」によって人々を「楽」しませるものであることを示しています。

3 「ド」はドウの「ド」

ペギー葉山を通して日本に紹介された「サウンド・オブ・ミュージック」は、作曲家リチャード・ロジャーズ（Richard Rodgers）、作詞家オスカー・ハマースタイン二世（Oscar Hammerstein II）による一九五九年初演のミュージカルであり、一九六五年には映画にもなっています。この映画のせりふや歌詞、解説は幸いなことに曽根田憲三監修『サウンド・オブ・ミュージック』［名作映画完全セリフ集　スクリーンプレイ・シリーズ No.76］（フォーイン　クリエイティブ　プロダクツ／一九九六年）に収録されており、野口祐子編『「サウンド・オブ・ミュージック」で学ぶ欧米文化』（世界思想社／二〇一〇年）や瀬川裕司『「サウンド・オブ・ミュージック」の秘密』（平凡社新書／二〇一四年）という詳しい解説書もあるので、ここではこれらと共にその他の書、特に寺澤芳雄編『英語語源辞典』（研究社／一九九七年）にも依拠しつつ、「ドレミファソラシド」について調べることにします。「調べ」とは音楽の調子も意味しますから、ここで「調べる」ことは実に適切な手続きです。

「サウンド・オブ・ミュージック」の舞台はオーストリアのザルツブルクであり、特にモーツァルト（一七五六年―一七九一年）の生誕地として、また夏の音楽祭で有名です。この地は中心部を流れるザルツァッハ川流域に岩塩の産地が多いため、ドイツ語で「ザルツ（塩）」の「ブルク（城塞）」、つまり「ザルツブルク」と呼ばれます。この塩は西方百キロほどの修道院の「修道士たちのために（メンヒェン）」も運ばれて、塩の貯蔵庫を管理する修道院のあるこの地は「ミュンヘン」と呼ばれるようになりました。これが現在のドイツのミュンヘンです。

主人公のマリアは風光明媚なアルプス山脈に圧倒され、その創造主に引かれてザルツブルクのノンベルク修道院に見習いの修練女として入りますが、自由奔放な彼女を修道院長は、病気の妻に先立たれた元海軍将校ゲオルク・フォン・トラップ（一八八〇年―一九四七年）の邸宅に彼の七人の子どもの家庭教師として送り込みます。子どもたちは厳格な規律のもとに管理されていましたが、マリアはその天然な性格に基づいて主に歌を通して家庭を変えていき、やがてゲオルクの妻となります。

こうした過程の中の歌の一つが「ドレミの歌」です。ミュージカルや映画では、一九三八年渡米後のマリア・フォン・トラップ（谷口由美子訳）が著した『サウンド・オブ・ミュージック』（文渓堂／一九九七年、原書一九四九年）によって知られる史実と異なる脚色や潤色が多々施されていますが、時代設定はナチスがオーストリアを併合する一九三八年以前の十年ほどの出来事です。「ドレミの歌」も実際は後の一九五九年初演のミュージカルのために作られたもので、映画版「サウンド・オブ・ミュージック」の「ドレミの歌」では、ドがシのフラットに下げられているので厳密に言うならハ長調の「ドレミの歌」ではなく、変ロ長調の「シドレの歌」になっています（瀬川の前掲書一二四頁）。

この「ドレミの歌」を「サウンド・オブ・ミュージック」の文脈の中で解釈すると、次のようにマリアとその周辺状況を示唆していることが明白になると考えられます。

「ド、ドウ（do, doe）」は「鹿（a deer）」、「雌の鹿（a female deer）」とされていますが、

英語で「ドウ(doe)」は「バック(buck)」の対義語として、雌の鹿だけでなく、雌の山羊、羊、兎なども指しますので、あえてここで「雌の鹿(female deer)」と定義しているのは、アルプスで自由奔放に飛び回る鹿のイメージを出したいからだと思われます。語源的には英語の「鹿(deer)」は「動物」一般を意味していたことがあり、日本語の「獣」=「毛物」に近いようですが、山羊や羊や兎では飛び回る姿を十分に想像できません。そして、この自由に飛び回る姿こそマリア自身にほかなりません。

マリアが修道院を勝手に抜け出して山の上で歌っていたことに対する修道院長への言い訳は傑作です。高原が私を呼び、山が私を誘ったから、とマリアは言うのです。動物的です。また、聖書では原則的に、動物は人間のように原罪の責任を問われない点では純真無垢な存在ですので、マリアのイメージと重なります。

「レ、レイ(ray)」は「金色の太陽の日差し(a drop of golden sun)」です。これは詩的に「金色の太陽の滴」と訳される場合もあり、「落ちてくるもの(drop)」をコマ送りに描写すると「滴」になります。澄み切ったアルプス雪山の尾根や緑の平原、森や湖、教会や古城に差す日を髣髴させます。

「ミ、ミー(me)」は文字どおり「私自身を呼ぶ名前(a name I call myself)」であり、「ミー（me）！」という強い自己主張は、規律を重視する修道院やトラップ邸宅の中でも自律性を決して失わないマリア自身を表しています。マリアがこの自律性を完遂する際、歌とユーモアが本質的な役割を果たしています。歌唱と笑顔は常に自己を自己たらしめる本質的な要素です。また、「マリア」という名前や「私」という呼称は、修道院長が修道女や修練女を「わが子よ（my children）」と呼び、トラップ大佐が子供たちを笛で呼び集めていたこととは対照的に個人の人格を尊重することも示唆しています。

「ファ、ファー（far）」は「長く、長く走る道（a long, long way to run）」を指していますが、「道（way）」は英語だけでなく多くの言語で人生の日々そのものの比喩になります。この歌詞は、マリアがアルプスを駆け巡り、修道院で日々の務めを果たし、トラップ邸宅で子供たちとも楽しく過ごし、ナチスの侵略から逃れるために遠く山越えをして平和を維持する永世中立国スイスへ向かい、「サウンド・オブ・ミュージック」の中ではここまでですが、最終的に自由の国アメリカに脱出する長い長い道程を象徴しています。この「ファ」のイメージについては、作詞家ハマースタイン自身が遠いアメリカへの脱出との関連で説明しているとのことです（瀬川の前掲書一二三頁）。

さらに、聖書を調べると、キリスト教の神でもあるイスラエルの真の神は、天に最も近い「山」でアブラハムにイサクをささげさせようとしたり（創世記22章２節）、「山」でモーセに十戒を授けるなど（出エジプト記19章―20章）、多くの業を示したため、人々から「山の神」と考えられ（列王記上20章23節、28節）、ユダヤ・キリスト教的世界観では山自体が逃げ場として救いの象徴です（詩編121編１―２節、マタイによる福音書24章16節）。実際に、修道院長は家族と共にスイスに逃げる時のマリアに、「私は目を上げて山々を仰ぐ。私の助けはどこから来るのか」という詩編121編１節を引用して、神からの助けがあると念を押します（詩編121編２節）。すると、「ファ（far）」は究極の到着地点である天国をも指し示しているのかもしれません。修道院長の歌う歌が「あらゆる山に登れ」だったのも印象的です。最後の場面で修道女たちが歌っている歌もこれです。

また、中盤において、ナチスによって滅び行く祖国オーストリアに対して静かに思いを馳せているトラップ大佐に対し、再婚するはずだったシュレーダー男爵夫人が、「心ここにあらずね（You're far away）」と声をかけるところでは、大佐の気持ちは「遠く（far）」かつてのオーストリアだけでなく、マリアへも向けられていたと考えることもできます。

「ソ、ソウ（so, sew）」は「針が糸を引く（a needle pulling thread）」縫う行為ですが、マリアが、取り替えることになっているカーテンで子どもの遊び着を作ることを想起させます。子どもたちは最初、トラップ邸宅で軍隊式に水兵のセーラー服を着ていましたが、マリアは子どもたちが自由に動き回り易いように活動服を作ります。こうして子どもたちは草原で座ってマリアと共に歌を歌い、詳細な規則とではなく悠々たる大自然と一体になります。カーテンの再利用は、自然資源を尊重するエコな生き方でもあります。

「ラ、ラー(la)」が「ソに続く音(a note to follow So)」という一見して安直な定義はユーモアです。「空の上には何があるか？」という謎々を思い出します。答えは「シド」です。「ソ、ラ」の上の音は「シ、ド」ですから。確かに「ラ(la)」で始まる適当な日常語がなかったからかもしれませんが、歌は人を笑顔にし、ユーモアは人をさらなる笑顔へと導きます。厳格で規律ある生活を突破する自由で天然な生き方への契機となるものの一つがユーモアです。象徴的なのが最後の場面です。修道院からスイスへの逃亡を試みるトラップ家族を追ってナチスの一党が修道院に着き、車を降りて家族を捜している間に、修道女たちはその車の部品を引き抜いてエンジンがかからないようにした後、「罪を犯しました」と修道院長に告白し、修道院長が「何の罪ですか」と聞き返すと、その部品を修道服の中から取り出して示します。ナチスの巨悪を小さな部品でコントロールできる修道院の知恵に満ちた行為がここにユーモラスに描かれています。

イエスは弟子たちに、「あなたたちこそ、地の塩である。もし、塩が効き目を失ったら、何によってそれは塩気を付けられるだろうか」と説きましたが（マタイによる福音書5章13節）、塩は料理の味付けをするだけでなく、食物の腐敗を防ぐ保存機能も持っています。弟子の役割は、イエスから引き出した知恵や知識によってこの世を味付けし、この世を言わばおいしくし、またこの世の腐敗を防ぎ、神が人々のために造ったこの世を後の人々のために保存することにあります。「ザルツ（塩）」の「ブルク（城塞）」である「ザルツブルク」で、この修道院は確かに塩の役割を果たし、この世を部分的にそのユーモアでおいしくし、その知恵で新鮮に保存しています。このような修道女たちなら、「ラ（la）」は間投詞として「おや、まあ（la）」という意味もあるので、「ラ（la）はラララのラー」とでも言いそうな気がします。そうなら、「ドはドドドのドー」でもいいような気がします。

「ティ、ティー（ti, tea）」は「ジャムパンと一緒に飲む物（a drink with jam and bread）」という組み合わせは、正式なディナーではなく軽食を代表しています。くつろぎや簡素さを表すこの軽食がザルツブルクのマリアを象徴しているとすれば、豪華で正式なディナーは都会ウィーンのシュレーダー男爵夫人を象徴していると言えるかもしれません。ナチスが台頭する頃、トラップ大佐が全財産を預けていたオーストリアの銀行が倒産することを考慮すると、大佐の家庭においてこの軽食は一層適切です。

なお、「ティ（ti）」は、元々の階名に後に追加された「シ（si）」でしたが、英語圏では19世紀に「ティ（ti）」に変更されました。ドレミファソラシの英語表記の省略形である頭文字が、ソのsと重複しないようにするためです。

4 「ド」はウトの「ド」

ドレミファソラシの七音の原型は、「シ」がないために一オクターブに達しない「ウト、レ、ミ、ファ、ソル、ラ」の六音の「ヘクサコルド（hexachord）」でした。こうなったキリスト教的起源をまずは聖書から辿っていきましょう。

イエスの生涯を記した福音書の一つにルカによる福音書があり、その冒頭1章で今から二千年以上も前、エルサレム神殿に仕えていた祭司ザカリアとその妻エリサベトの話があります。老境に入っても望んでいた子どもがいなかったザカリアは当番で神殿の聖所に入り香をたいていると、天使ガブリエルが現れて男の子が与えられるので「ヨハネ」と名付けるようにと命じますが、この言葉を信じなかった彼はこの出来事が実現するまで口が利けないようにされました。こうしてエリサベトが身ごもると、六か月後にガブリエルはマリアの所に現われ、聖霊によって神の子を身ごもると伝えます。

エリサベトが男の子を産むと、人々は父の名前にちなんでザカリアと命名しようとしますが、エリサベトは「ヨハネ」にすると言い張り、人々がザカリアに身振り手振りで聞くと、彼は書き板に「ヨハネが彼の名前である」と書いて周囲を驚かせます（ルカによる福音書1章63節）。これと同時に彼は話せるようになり、「……幼子よ、あなたこそいと高き方の預言者と呼ばれるだろう。あなたは主の前を先に進み、その道を準備し、その民に罪の許しによる救いの知識を与えるだろうから」と預言して神を祝福し始めました（ルカによる福音書1章76―77節）。こうして生まれて来たヨハネは成長すると、人々に回心を勧め、自分の後に一層優れた方、イエスが来ることを知らせ、回心の必要のないイエスにも洗礼を授けます。

13世紀末にジェノヴァの大司教を務めたヤコブス・デ・ウォラギネによる『黄金伝説1―4』（人文書院／一九七九年―一九八七年）の『黄金伝説2』の「八一　洗者聖ヨハネの誕生」はヨハネが称賛される点を、4世紀ミラノの司教アンブロシウスに依拠しつつ、彼の両親の神の前での正しさ、彼自身に起こった奇跡、彼の偉大な人格、主イエスの先駆者としての役割、罪人に回心を迫る説教の五点にまとめています。このうち、ヨハネ自身に起こった奇跡としては、天使によるエリサベト受胎告知、その際のヨハネという名前の告知、ザカリアの声の喪失と回復、聖霊に満たされたザカリアの預言などが挙げられています。

こうした背景に基づいて、8世紀のランゴバルド人歴史家でモンテ・カシノの修道士パウルス・ディアコヌスは、ある時、ろうそくを聖別する際に急に声が出なくなったので、回復を願って、「おお、おんみのしもべたちがみわざをたたえる喜びの声を張りあげることができますように」という、聖ヨハネに対する賛歌、「聖ヨハネの賛歌」を作ったと言い伝えられています（『黄金伝説2』三二四頁）。

11世紀前半に活躍した音楽理論家グイード・ダレッツォは、譜線上と譜線間を使った記譜法を編み出し、「ウト（ut）、レ（re）、ミ（mi）、ファ（fa）、ソル（sol）、ラ（la）」に基づく視唱法を確立しました（以下、『音楽大事典』［平凡社／一九八一年―一九八三年］、『ラルース世界音楽事典』［福武書店／一九八九年］、*The New Grove Dictionary of Music and Musicians TM second edition*, [Macmillan Publishers Limited, 2001] の「グイード・ダレッツォ（Guido of Arezzo）」、「ソルミゼーション（Solmization）」などの項目を参照）。彼は北東イタリアの地ポンポーザのベネディクト会修道会で修業し、そのような効果的な聖歌教育方法を案出して評判となったために同僚たちからの指弾を受け、フィレンツェの南東60キロほどのアレッツォに居を転じたので、「ダレッツォ（アレッツォの）」「グイード」と呼ばれます。彼の名声は教皇ヨハネス19世にも届き、ローマに招待されたこともあります。グイードの「知られざる聖歌に関する書簡」によると、少年たちが歌い手の声や楽器の音を頼りにして歌えるようになるまで何週間も費やすはずの未知の旋律を、譜面に基づく彼の方法では三日以内で歌えるようになったとのことです（"Epistola de ignoto cantu," *Antiquity and the Middle Ages*,［Source Readings in Music History］, selected and annotated by Oliver Strunk,［New York: W. W. Norton & Company, Inc., 1950,1965］）。

グイードはこの書簡において、聖歌隊を構成していた男性の出し易いＣＤＥＦＧａの各音に対して周知の旋律の冒頭音を合わせ、この各冒頭音を別々に覚えるのではなく、この同じ音で開始される旋律と共に覚える方法を明示します。ここで「聖ヨハネの賛歌」が引用されます。

'Ut queant laxis Resonare fibris

'C D F DED DD C D E E

Mira gestorum Famuli tuorum,
EFGE DECD F G a GFEDD
Solve polluti Labii reatum,
GaGFE F G D a G a F Ga a
Sancte Joannes.'
GF ED C E D'

この各行下部の旋律については、古代ローマの詩人ホラティウス（紀元前65年—紀元前8年）の『フィリスに寄せる頌歌（Ode to Phyllis）』に付けられていた旋律に由来するという見解がケンブリッジ大学の西洋古典学者ステュアート・ライオンズにより提示されています（Stuart Lyons, *Horace's Odes and the Mystery of Do-Re-Mi*, [Oxford: Oxbow Books, 2007] 二七、三六—三七頁）。ライオンズによると、グイード自身がこのことを明示していないのは、キリスト教教会・社会においてホラティウスという非キリスト教的性格をまとった素材の活用を躊躇したことが考えられます。

ここで、各節の冒頭文字に着目すると、「ドレミファソラシ」の原型となる「ウト（ut）、レ（re）、ミ（mi）、ファ（fa）、ソル（sol）、ラ（la）」がCDEFGaという上行音に対応して登場しています。ラテン語詞は韻を踏むなどの修辞的効果を狙って語順を前後させるので、日本語の意味が通じるように直訳すると次のようになります。

「しもべらがあなたの業の奇跡を
くつろいで響かせることができますように。
あなたが汚れた唇の咎を解いてください、
聖ヨハネよ。」

後に「ド（do）」となる「ウト（ut）」は英語で言えば「……ということ（that）」に相当し、祈りの内容を形式的に指示しています。「シ（si）」は後の十七世紀に、「聖ヨハネよ（Sancte Joannes）」の冒頭文字に基づいて後の時代に追加されました。元々ラテン語ではUとV、IとJは同じ文字です。また、「あなたの業」の「あなたの（tuorum）」は複数属格なので、複数主格の「しもべら（Famuli）」にではなく複数属格の「業の（gestorum）」にかかります。「くつろいで（laxis fibris）」とは、厳密にはかつてのザカリアと同様に「弛緩した筋線維で」という意味になり、ウルガタというキリスト教公認の一般ラテン語訳で、「すると、即座に彼（＝ザカリア）の口とその舌は開かれた（apertum est autem ilico os eius et lingua eius）」（ルカによる福音書1章64節）と表現される事態に根源的には由来します。

洗礼者ヨハネはイエスの半年前に誕生しますので（ルカによる福音書1章26―38節、57節、2章6―7節）、この歌はクリスマスの半年前、カトリック教会などで「聖ヨハネの誕生」の祝日とされている6月24日の晩課に歌われます。ザカリアからヨハネという名前が声として出たように、ヨハネ自身も生み出され、ヨハネがイエスの先駆者となったように、この賛歌はヨハネの家族に起こった神の奇跡を語り継ぐと共に、イエスの再来も祈っているのです。

ちなみに、一般に「グイードの手」と呼ばれる教授方法は実際にグイード自身の発案によるものかどうかは確定されていませんが、左手親指先端を最低音のΓ（ガンマ）とし、親指真ん中の関節をA、付け根をB、人差し指の付け根をC、中指の付け根をD、薬指の付け根をE、小指の付け根をF、小指の次の関節をG、小指のその次の関節をa、小指先端をbなどとして、記譜法が確立していない時代に広く活用されていたことで知られています。

5　「ド」はドミネの「ド」

「ウト（ut）」という音は明解な発音も歌唱も容易ではないので、「ウト」を「ユト」と発音して現在でもこの階名を維持しているフランスを除いてほぼ「ド（do）」になりました。音楽に関する最も詳細な大事典の一つである『歴史と現在における音楽』の「ソルミゼーション」の項目によると、オットー・ギベリウス（Otto Gibelius）の通称『音楽の発声に関する簡潔だが根本的な報告（Kurtzer, jedoch gründlicher Bericht von den Vocibus Musicalibus）』（ヤーコプ・ケーラー社〔Jacob Köhler〕／一六五九年）では、当時すでに多くの聖歌隊長が使用していたことに基づいて「ウト（ut）」が「ド（do）」に変えられています（Martin Ruhnke, 'Solmisation,' *Die Musik in Geschichte und Gegenwart Sachteil 8 Quer-Swi,* 〔Kassel: Bärenreiter, 1998〕一五六六段）。また、ウィリアム・シェークスピア（William Shakespeare）著『恋の骨折り損（Love's Labour's Lost）』（研究社／一九六五年、原著一五九八年）の第四幕第二場では、学校教師が「ウト、レ、ソル、ラ、ミ、ファ」と順序を誤って口ずさむ場面がありますので、イギリスでは少なくとも十六世紀までは「ウト（ut）」であったことが分かります。

ザカリアの文脈で考えてみても、確かに、「ウト」は声を喪失した時のザカリアの呻きを想起させ、それが明解で歌い易い「ド」になったことは、あたかもザカリアの声が回復したことを象徴しているかのようです。日本語でも、「ど」始まりの「どっと」、「どんと」、「どんどん」などの副詞は、何かの急激な発出や変動、衝撃や連続を表します。ジャズでは「スキャット（scat）」という旋律に合わせた即興的な歌い方があり、「ダバダバ」、「ドゥビドゥビ」などと小声でも明解に口ずさむことができますが、これらは有声破裂音のD音始まりです。

「ド」の由来については専門家の間でも諸説があるようで、「ウト」の「ウ」は聞こえにくいので「ト」だけが残り、より明解な強い「ド」になったとも想像できます。日本の代表的な音楽学者である金澤正剛によると、「ド」の起源については、「正確にはわかっていないが、『ドミヌス』の『ド』であることは、まず間違いないものと思われている」との（金澤正剛『新版　古楽のすすめ』〔音楽之友社／二〇一〇年〕一一〇頁）、次のような推推論がなされています。口誦を主とする歌について、文献的に確定的な見解を示すことの困難さを感じさせます。

グイードが示した旋律には替え歌があり、写本の中には「ウト、レ、ミ、ファ、ソル、ラ」と同じ旋律で次のような歌詞もあります（前掲書 *The New Grove Dictionary* の「Guido of Arezzo」、「Solmization」、「Theory, theorists」の項目も参照）。

'Trinum et unum Pro nobis miseris
Deum precemur Nos puris mentibus
Te obsecramus Ad preces intende
Domine nostras'

これも、日本語の意味が通じるように直訳すると次のようになります。

「三であり一である神に
私たち自身が哀れな私たちのために清い心で祈ります。
私たちはあなたに願います。あなたが私たちの祈りに届いてください。
主よ。」

この歌詞では「私たち自身が（Nos）」という主語強調形が入れられていて、「私たちは……祈ります（precemur）」という動詞の名詞形が「祈り（preces）」という形で反復強調されています。また、複数目的格女性形の「私たちの（nostras）」は「主よ」にではなく、複数目的格女性形のこの「祈り（preces）」にかかり、この「祈り」に「私たち」の思いが込められています。「私たちは……願います（obsecramus）」とは、語源的に単に「口（os）」から出て「語る（oro）」祈りではなく、「聖なる（sacer）」思い「のゆえに（ob）」出て来る深い願いであり、「清い（purus）」という性質を別の形で強調しています。

つまり、この替え歌では、「ウト、レ、ミ、ファ、ソル、ラ」の代わりに「トリ（Tri）、プロ（Pro）、デ（De）、ノス（Nos）、テ（Te）、アド（Ad）」となっていたのです。そして金澤は、この替え歌の最後には「ド（Do）」があるものの、階名の候補としてこの「ド」は、ドレミが定着する十七世紀頃には忘却されていたはずであると考えます。

一方、金澤は、「主なる神」の「主」、つまり「ドミヌス（dominus）」は聖歌隊が頻用する言葉であり、ミサの通常文の一つ「グローリア」では四回反復され、日曜晩課で歌う詩編百十編冒頭の「主は私の主に言った（Dixit Dominus Domino meo）」では二度も出て来るなど、歌い出し易い言葉であるとして、「階名の出発点として何か歌いやすい、新しいシラブルをと考えたときに、常日頃歌い馴れた言葉の冒頭のシラブルである『ド』を思いついたということは、ごく自然であるように思われる」と結論づけます（金澤の前掲書一一〇頁）。「ド」は「ドミヌス」の「ド」という説です（ライオンズの前掲書三二頁も参照）。
さらに、次のように考えることもできると思います。ラテン語との関係で英語にすると構造上明解になりますので、まず「聖ヨハネの賛歌」の英訳を直訳に近い形で示しておきます。

'That servants may be able to resound
the miracles of your deeds with relaxed voices,
Lift the charge on our polluted lips,
Holy John.'

まず、この賛歌全体が聖ヨハネに対する祈りであるとするなら、「解いてください（Lift）」という命令形で始まる後半の内容は、「That … may be able to（できますように）」という仮定法で始まる前半の希望的結末の条件であると理解することができます。聖ヨハネが解いてくれるなら、奇跡を響かせるがごとく言い伝えることができるという意味になります。この時、「あなたの業」の「あなた」はヨハネであり、ヨハネの身に起こった神の業という意味で、「しもべら」は歌い手らの自称謙遜表現です。

次に、前半が祈祷文の省略形であるとするなら、その前に「主よ、私たちは祈ります（Lord, we pray）」、ラテン語ならDomine, precemurが省略されていると考えることができます。キリスト者が例えば、「主よ、今日も守られますようにと私たちは祈ります」とは言わずに、単に「主よ、今日も守られますように」と祈るのと同様です。この時、いくら省略するとしても、最初の呼称の「主よ」を省くことはあまりないと思います。丁寧な祈り方なら、「天におられる父なる神よ」と呼びかけるでしょう。突然、「今日も守られますように」と祈り出すのは、誰に対して祈っているのかが不明です。おそらく祈りにおいて「主よ（Lord）」は省かれないか、仮に省かれていたとしても、人々の心の中では意識されていた呼称だと思われます。確かに、主イエスが、「主よ、主よ」と呼びかける人ではなく、天の父なる神の思いを行う人が天の王国に入ると人々に警告するほど（マタイによる福音書7章21節）、イエスの時代から「主よ」という呼びかけは濫用されていました。したがって、「主（Lord）」（ラテン語ではドミヌス［Dominus］）の呼称である「主よ（Lord）」（ラテン語ではドミネ〔Domine〕）が自然に冒頭シラブルとして定着したと考えられます。つまり、「ド」は「ドミネ」の「ド」です。この形は前出の替え歌では最後の行にあります。

この場合、後半は聖ヨハネに対する祈りで、通常の命令形です。前半において主なる神、または主イエスに対しては仮定法でやや控え目に祈り、後半において聖ヨハネに対しては前出の替え歌にある「あなたに願います（Te obsecramus）」などの前置き無しに唐突に願うことは、中世カトリック教会の階層的世界観ではありうると思います。

もっとも、博覧強記のマックス・ウェーバーの『音楽社会学　音楽の合理的社会学的基礎』（創文社／一九六七年、原書一九二一年）はヘンリ・ジョージ・ファーマー（Henry George Farmer）『アラビア音楽の影響の歴史的事実（*Historical Facts for the Arabian Musical Influence*）』（ウィリアム・リーブズ社〔London: William Reeves〕／一九三〇年）を引用して、このようにして完成したドレミファソラシドの背景には、アラビアの階名「ダール、ラー、ミーム、フェー、サード、ラーム、シーン（Dâl, Râ, Mîm, Fê, Sâd, Lâm, Sîn）」がある可能性も注記しています。

カトリック教会の本拠地イタリアで古代に端を発して中世に栄えたグレゴリオ聖歌（＝ローマ聖歌）が十七世紀以降「ドレミ」に基づいて歌われ、世界中に拡散して行ったことは、現在の音楽用語にも「フォルテ（強く）」、「ピアノ（弱く）」、「クレシェンド（次第に強く）」、「デクレシェンド（次第に弱く）」などの多くのイタリア語が残っていることからも明白です。楽器のピアノは「ピアノフォルテ」の省略形であり、「弱く（ピアノ）」も「強く（フォルテ）」も音を出せる楽器のことで、「アカペラ（無伴奏で）」は、本来は「チャペル（カペラ）」「で（ア）」するようにという意味です。

真に主はチャペルの中だけでなく、ドレミファソラシドが歌われる所なら世界中どこでもその中におられます。イエスを紹介した洗礼者ヨハネはイエスについて、「あの方は栄え、私は小さくされなければならない」と証しし（ヨハネによる福音書3章30節）、イエスこそ「次第に強く（クレシェンド）」なり、ヨハネ自身は「次第に弱く（デクレシェンド）」なることを宣言しました。したがって、ヨハネに対する賛歌であるドレミファソラシドが歌われるなら、それ以上に主イエスをより強くたたえる必要があるのです。

第２章　「三」という数の不思議

神が三位一体である理由

１　生活の中の「三」

私は昔から、なぜ神が三位一体なのかということに興味を抱いてきました。なぜ二位一体や四位一体ではなく、三位一体なのかということです。

生活の中で三つ組のものを探してみると、身近なものに三脚があります。最近は自撮りが多いのであまり見かけなくなりましたが、それでも観光地などでは依然として記念写真を撮るために活用されています。この三脚は二脚では立たないだけでなく、四脚になっても不安定です。四脚の椅子は横転しないためにある意味で安定していますが、作りが悪いと今度はがたがたします。屋外の凸凹の地面では一層、落ち着きません。しかし、三脚はどのような場所でもその三点によって瞬時に定着します。航空用語に「三点着陸（スリー・ポイント・ランディング）」というものがありますが、これは両翼の車輪二つと前輪または尾輪の三点で安全に着陸することを意味します。

自然界に目を向けると、様々な三つ葉の植物シャムロックがあります。最も良く知られているものは三つ葉のクローバーで、クローバーのラテン語学名は文字どおり「三つ葉（トリフォリウム）」です。五世紀にイングランド出身のパトリックはアイルランド宣教の際に、クローバーに三つの葉があるが一つになっていることを指して、三位一体の神も御父、御子、聖霊の三者であるが一体であると説明したと言われています。彼はアイルランドの使徒と呼ばれ、守護聖人とされています。

音楽の世界ではワルツなどの三拍子があります。それは逆上れば、三拍子を基本としていた12世紀後半以降パリのノートル・ダム大聖堂を拠点とした中世ポリフォニー（多声音楽に由来しますが、この三拍子はカトリック教会支配下の中世キリスト教世界が礼拝する神の三位一体性に基づいて作られた神聖なリズムです（宮平望『ゴスペルエッセンス』の「第三章　戦争のリズムと平和のリズム」）。三拍子は自然界にはほとんど見られないリズムであり、波長の上下から人間の右足と左足の歩行、吐いて吸う呼吸に至るまで二拍子が基本であり、三拍子なのは馬のギャロップぐらいです。

最近は何かとプレゼンテーションが盛んですが、要点を三つに絞る「スリー・ポイント」プレゼンテーションが説得に資するとして勧められているそうです。確かに、四つだと多すぎる感があり、二つでは物足りないと思われるのでしょう。私はイギリスで留学・研究生活を送っていたことがありますが、大学や研究所からメールなどで送られて来る様々な注意事項はしばしば三項目から成り立っていました。実質的に二項目しかなくても、三項目にされていたことが印象に残っています。例えば、パスワードの管理について、「1．パスワードをメモに書き残したり、他人に知らせたりしないこと。2．パスワードを度々換えること。3．上記の1に同じ」という具合です。

日本で例えば学生も試験日程について、1．担当者から講義中に前もって口頭で聞き、2．教務課から正式な通知があり、3．後に友人と確認し合うと安心するのではないでしょうか。

2　数字の歴史における「三」

「三」という数字について考える時、まず数というものの性質について検討する必要があるでしょう。数は数えることと密接に結び付いています。人は同類の物が二個以上ある時に、または時間の経過があっても二個目を見つけた時に数え始めますが、二十世紀前半ドイツで活躍した元々数学者の哲学者フッサール（Edmund Husserl）は初期の著作『算術の哲学（*Philosophie der Arithmetik*）』（マルティーヌス・ナイホフ社〔Den Haag: Martinus Nijhoff〕／一九七〇年、原書一八九一年）において、数は一という単位からなる多であると定義した紀元前三〇〇年頃の『ユークリッド原論』（共立出版／一九七一年）に基づいて、数（自然数）は多とは見なされないゼロと一を除く二から始まると明示しました（三世紀前半のディオゲネス・ラエルティオス『ギリシア哲学者列伝〔下〕』〔岩波文庫／一九九四年〕の「第八巻第一章　ピュタゴラス」〔二五〕も参照）。一つ一つを結び付けて数えるという複数性を考慮すると、数えることのないゼロや一は数ではないというのです。確かに、人は物が一つあるだけなら、一つとして数え始めることはありません。ゼロなら言うまでもありません。

数えるという性質について検討するために、人間と動物の違いについて見てみましょう。

数字の歴史に関する網羅的な古典的名著であるジョルジュ・イフラー『数字の歴史　人類は数をどのように数えてきたか』（平凡社／一九八八年、原書一九八一年）に収録されている数学者トビアス・ダンチヒからの引用によると、烏は四くらいまでを判別できるらしいです。ある城主が城の塔に巣を作った烏を生け捕りにして退治しようと思い立ちました。城主は自分が塔に近づくと烏は塔から離れ、城主が塔から離れると烏が巣に戻ることに気づき、友人二人に塔の中に入ってもらい、少しして一人に塔から離れてもらい、一人に残ってもらいました。しかし、烏は残り一人が塔から離れ去るまで塔には戻らなかったので、実験的に塔の中に入る人数を一人ずつ増やしていくと、初めに五人に塔の中に入ってもらい、四人が間隔を置いて出ていった段階で、烏は戻って来たというのです。要するに、この烏は四人が出て行った段階で五人全員が出て行ったと判断したのであり、四を超えると数の判別ができなかったのです。

また、ダンチヒによると、ある種の雀蜂は卵を巣の穴に産み落とすと、卵が孵った時に食べられるようにと青虫を置くが、卵の段階で雄か雌かをあらかじめ知っており、体の大きい雌となる卵の所には青虫を十匹置き、体の小さい雄となる卵の所には青虫を五匹置くというのです。ここまで来ると数えるというよりも、もはや体内に何か本能的なメカニズムがあると言った方が適切かもしれません。

最近の数学史の本、クリフォード・ピックオーバー『ビジュアル　数学全史　人類誕生前から多次元宇宙まで』（岩波書店／二〇一七年、原書二〇〇九年）も興味深い例を示しています（バニー・クラムパッカー『数のはなし　ゼロから∞まで』〔東洋書林／二〇〇八年、原書二〇〇七年〕も参照）。紀元前百万年頃には存在していた蝉の中のある種のものは、十三年、十七年という素数の周期で地上に一挙に大量発生して鳥などの捕食者を凌駕して生き残っていますが、これは仮に十二年という約数の多い周期だと、十二年目には、二年、三年、四年、六年のライフサイクルで地上に登場する捕食者に食べ尽くされてしまうからだと考えられています。

さらに昔、蟻は紀元前一億五千万年頃から存在していましたが、サハラサバクアリは自らの歩数を数えて計算するメカニズムを体内に持っているそうです。このアリは例えば巣から五十メートル離れた所でえさを見つけると、行きとは異なり、帰りは最短経路を通って巣に戻るのですが、ヨーロッパの研究者らは、えさを見つけた時点のこのアリを捕らえて足を切って短くすると、巣までの最短経路の途中で立ち往生し、逆に足に棒を付け足して長くすると、巣を通り越してしまうことを発見しました。これはアリが自らの歩数を何らかの方法で数えており、行きの左右上下の曲線距離を最短距離に換算できることを示しています。方向に関してこのアリは、空からの光を利用しているそうです。また、足の長さを変えられたアリは、しばらくすると自分の足の長さを学習して、正しく巣に戻れるようになったとのことです。

さて、紀元前三千万年頃にはサルのような特徴を持つ霊長類が存在するようになるそうですが、あるチンパンジーは、コンピューター画面に示された物の数に一致する数字のキーを一から六まで識別して押すことができるようになりました。同じ霊長類の人間はとなると、数えることや計算に関しては自らの身体を含む外的な道具を駆使することで飛躍的な境地に達しています。以下、イフラーの前掲書などを参考にして、人間と数に関して整理してみましょう（K・メニンガー『図説　数の文化史　世界の数字と計算法』［八坂書房／二〇一一年、原書一九五八年］も参照）。

人は数える際に数が多くなると混乱してくるので、ある一定のまとまりを必要とするようになりました。例えば、十というのは人の両手十指に基づく大変便利なまとまりで、このまとまりは十進法を生み出しました。日本、中国、韓国など、アジアの漢字文化圏では、「正」という五画の漢字を記号として使い、集計を行います。こうした数え方は画線法と言い、欧米では縦棒を四本まで併記して五本目はこの四本にまたがる形で斜線を引きます。スペインや南米では四本目までは口という形を書いて五本目に左上角から右下角に向かって斜線を引きます。これらの共通点はどれも五を一まとまりとしていて、片手の五指、両手の十指に対応する十進法的な数え方です。この数え方の難点はあえて挙げれば、十には約数が二と五しかなく、人であれ物であれ分けにくい数であるという点です。

十進法の拡大版として、手だけでなく足も入れた指の本数に基づく二十進法もあります。英語には二十を一まとまりとする「score（スコア、二十）」という単語があり、聖書の詩編九十編十節で人の寿命は七十年という時、古い英語聖書では「threescore and ten（スリースコア・アンド・テン）」、つまり、二十掛ける三プラス十という言い方をしています。二十というまとまった数字について印象に残っていることがあります。私は一九九〇年代にイギリスにいましたが、紙幣の場合、二十ポンド紙幣までは日常的によく使われていました。外国からの観光客がよくイギリスに持ち込む五十ポンド紙幣は日常的に一度も見かけませんでした。それくらいになると小切手の方が安全でしょうし、現在ではカードが主流のようです。

他方、生活の中では十進法と共に十二進法も見かけます。この起源については諸説あるようです。小説の中には、現代人の間ではあまり見かけなくなった多指症の六本指、つまりこの両手の十二指を十二進法の起源と関係づける興味深い話もありますが（村上春樹『色彩を持たない多崎つくると、彼の巡礼の年』〔文藝春秋／二〇一三年〕）、私自身は次のような解説がある程度、理解できると考えています。

日常生活の中で十二という数字と関係が深いのは、一年十二月という暦や一日二十四時間という区切りです。自然界の周期を見ると、一年が三百六十五日ほどで、月の満ち欠けが約三十日なので、三百六十五日という大きな数を区分けする際に、古代エジプト人などのように三十日ごとの十二か月に分けるという発想は合理的でした。太陽は直接見ることが難しく、日食を除けば形態変化に乏しいので、見やすくしかも変化に富んだ月の形は、日にちの区分に役立ったはずです。例えば、「truth（トゥルース、真理）」、「growth（グロウス、成長）」、「warmth（ウォームス、暖かさ）」が各々、「true（トゥルー、真実である）」、「grow（グロウ、成長する）」、「warm（ウォーム、暖かい）」の抽象名詞化であるように、現代の英語に残っている「month（マンス、月）」という表現は「moon（ムーン、月）」の抽象名詞化です。他方、「south（サウス、南）」は「sun（サン、太陽）」に由来します。

また、毎年定期的に増水・氾濫するナイル川に依拠した灌漑農業に携わるエジプト人にとって、その増水直前に、日の出前の東天に出現するシリウスが重要な基準となっていました。このシリウスの出現の周期が一太陽年です。

この三十日掛ける十二か月の三百六十という日数に基づいて円形の農事暦を作れば、毎年繰り返す農作業行程を概観できますし、同様にして三百六十という日数に基づいて円形の天空を図面に描けば、北極星などを基準とした半日の星の運行を観察できますし、どこであれ地上の複数の定点から天空のある定点を一つ決めれば、一年の星の運行を把握できます。円が三百六十度なのは、このような事情によるようです。

農業は古今東西のどの人々にとっても重要な生活基盤ですが、特に古代の人々にとって星の運行は、自分たちの運命を定める重要な印の一つでした。現代にも残る英語の「consider（コンシダー、考慮する）」とは、ラテン語では元々「sidus（シドゥス、星）」と「sidus（シドゥス、星）」を「con（コン、共に）」合わせてよく考え、そこにできる形や動きから将来を予測するという意味です。「desire（ディザイアー、願う）」とは、元々「sidus（シドゥス、星）」「de（デ、から）」離れた所で星に願い事をするという意味です。逆に、「ill-starred（イル・スタード、星の巡り合わせの悪い）」という英語にもあるように、「astrum（アストルム、星）」の巡り合わせが「dis（ディス、悪い）」場合には、「disaster（ディザスター、災難）」になります。

確かに、三百六十という数字は便利な数字で、七以外の一から十までのすべての数で割り切れます。七でも割り切れる最少の数は二千五百二十にもなり、極めて使いにくくなりますので、三百六十程度が日常生活においては都合が良いのでしょう。

しかし、三百六十という数字を基準にした場合、一年の日数なら五日ほどはみ出るので、古代から人々はそれらを休日にしたり、それでもずれが生じてくるので、閏年を設けて一年という長さを調節しました。「閏年」という漢字の「閏」は、分解すれば明白になるように、暦からじわじわとはみ出た余分な日には「王」が「門」の中に閉じこもって政務を休むことを意味し、「閏」という漢字を含む「潤う」という漢字も、じわじわとにじみ出てきた水を示します。確かに、王が率先して休み、民も休息を「得る」ことができれば、日々の生活に「潤い」を取り戻すことができるでしょう。

十二進法の起源に関すると思われる最も興味深い記述はやはりイフラーによるもので、一九八一年の段階でイフラーは、今日でもインド、西アジア、中東、エジプトなどの各地で、片手の親指を除く四指の関節または節をまず小指の先から根元に向かって一、二、三と親指の先で押さえて数え、次に薬指の先から根元に向かって四、五、六と数え、同様にして中指で七、八、九と数え、最終的に人差し指の根元の十二までを数える方法を紹介しています。そしてイフラーは続けて、古代から行われていたこのような方法で古代エジプト人は昼と夜を十二区分していたのだろうと推測します。

確かに、ここで親指が除外されているのは、言わば指示棒としての役割を担っているだけでなく、関節が二つしかない親指を入れると計算が不規則になり、反対の手を使って数える手間も増えるためです。また、親指以外の四指なら十二が一まとまりの数となり、二、三、四、六という約数を持つため、例えば獲物や収穫物を十二にあらかじめ分割しておけば、幾つかの集団や幾人かの人々の間で公平に分け易いでしょう。古代の人々にとってこれらの分配は死活問題でした。

親指を他の四指とは別格として扱うということについては、体育の鉄棒の授業で親指を他の四指と同じ側に置くと「猿手持ち」と言われて注意されたことを思い出す人もいるかもしれません。人間は猿とは異なり、親指を他の四指の反対方向から握ることで道具を巧みに作り、活用してきたという説明もよく聞きます。

英単語でも「finger（フインガー、指）」は語源的には「five（ファイブ、五）」に基づくとされていますが、厳密に言えば「thumb（サム、親指）」を除く片手四指のことであり、足の指に至っては「toe（トウ、足の指）」という別の単語があります。手の爪に塗る「manicure（マニキュア）」と足の爪に塗る「pedicure（ペディキュア）」という表現の違いは、ラテン語の「manus（マヌス、手）」と「pes（ペース、足）」に由来します。辞書における「finger（フィンガー、指）」という単語の解説で、この表現は「thumb（サム、親指）」を含む場合と含まない場合があるというのは、十進法と十二進法がこの世に共存していることと見事に対応しています。日本でも「十分（じゅうぶん）」と言ったり、強調して「十二分（じゅうにぶん）」と言ったりします。女官の正装も十二単です。また、十進法を使う民族と十二進法を使う民族の出会いが六十進法の定着につながったという考え方もあります。

さらに、十二という数字は英単語において重要なまとまりや区切りを示しています。商品の十二のまとまりを「dozen（ダズン、一ダース十二個）」と言い、十二ダースを「gross（グロス、十二ダース百四十四個）」と言います。また、数の「one（ワン、一）」から「twelve（トゥェルブ、十二）」まで英語では固有の単語がありますが、「thirteen（サーティーン、十三）」からは「fourteen（フォーティーン、十四）」、「fifteen（フィフティーン、十五）」というように、一の位と十の位を足した形で表現されていきます。「teenager（ティーンエージャー）」とか「teen（ティーン）」とは、厳密には語尾に「teen（ティーン）」の付くこの十三歳から「nineteen（ナインティーン、十九）」の十九歳までの七年間のことであり、「between（ビットウィーン、間）」に由来する「tween（トウィーン）」は小児と「teen（ティーン）」の間の十歳から十二歳までの子どもを指します。英語表現で、この商品は「tweens（トウィーンズ）」と「teens（ティーンズ）」のためのものという韻を踏んだ広告をたまに見かけます。日本語で十代の人に最適という意味です。

確かに、十二歳前後は身体的に大きな変化を経る時期でもあります。ユダヤ教の成人式は男子が十三歳の時に執り行われるバルミツバーであり、女子は十二歳の時に執り行われるバトミツバーです。また、日常的によく使う貨幣において、例えばイギリスでは一九七一年まで一シリングは十二ペンスであり、一ポンドは二十シリングでした。

さて、数字の歴史において「三」という数字は、極めて興味深い位置を占めています。私たちが複数存在する同じ物の数を数える時、三個以下と四個以上では認識方法が異なります。例えば、通常の場合、机の上にりんごが三個あれば、人はほとんど数えることなく即座に三個と認識できます。二個以下なら更に容易です。このような認識方法を認知神経科学では、ジョージ・A・ミラー以来、「スービタイゼーション（subitization）」と呼ばれています（トーマス・クランプ『数の人類学』法政大学出版局／一九九八年、原書一九九〇年。森田真生『数学する身体』新潮社／二〇一五年も参照）。スービタイゼーションという用語は、ラテン語の「subitus（スビトゥス、突然の、即座の）」に由来しますので、ここで便宜的に「即時把握」と邦訳しておきます。

しかし、りんごが四個以上になると、人間にはこの即時把握は不可能であり、脳内の別のメカニズムが機能しているそうです。こうした限界を克服するために、古代から人は、自らの指などの身体を駆使して数えたり、木片や骨片に刻印したり、小石や粘土の塊を並べたりしました。この刻印や並列の際、即時把握の限界のゆえに、人は三以下と四以上の表記・表現方法を多くの場合、区別していました。同じ線を四つ以上引いたり、同じ塊を四つ以上並列したのでは分かりにくいというのです。つまり、記録を再読する際に即時把握できないと時間もかかり不便になるのです。

イフラーの前掲書によると、この即時把握の限界のゆえに、概して古代文明は四以上の数を表記する時の別の記号を生み出しました。例えば、インダス文明においては古くから古代インド文字で「一」、「二」、「三」と表記した後は、「＋」という十字の模様で四を表しました。中国文明でも漢字の「一」、「二」、「三」までは横棒を併記していましたが、四になると横棒四本の併記をやめて「四」と記しました。メソポタミア文明の楔形文字は、マッチ棒を立てたような印をやはり三本までは縦に並べましたが、四を表記する時は、四本目は縦に並べた三本の下に一本だけ書き足しました。後のローマ文化における数字でも、Ⅰ、Ⅱ、Ⅲの次は縦棒をそのまま横に一本併記することなく、Ⅳとしました。現代のアラビア数字の表記方法も元々は古代インド由来のもので、1、2、3までは一、二、三の変形で、4からは別表記となります。この「4」は、古代インド文字の「+」の一筆書きの変形です。もちろん、古代文明の中には4まで併記した記録もあります。

これらのことからイフラーはこう結論づけています。

「私たちがすでに明らかにした基本的な心理法則を、こうして確認できる。それは、〝数を即時に認識する人間の能力は〟(言い方を換えると、具体的数量を直接認知する人間の自然な能力は)、〝非常に稀にしか数4を超えない〟というものである。というのも、この段階で物に対する私たちの総合的な視覚はほぼ全般的に混乱し、4以上の数量を見分けるためには、抽象的な計算法に頼るしかないからである」(イフラーの前掲書一一三頁)。

古代ローマでは五以上を数えることが苦手だったようです。子どもを名付ける時に、概して四人目までは固有の名前を授けていましたが、しばしば五人目以降は「Quintus(クイントゥス、五番目)」、「Sextus(セクストゥス、六番目)」とし、ローマ暦の当初の開始月である「Martius（マルティウス、三月）」から、「Aprilis（アプリリス、四月）」、「Maius（マイウス、五月）」、「Iunius（ユニウス、六月）」というように春から始まる四つの月は固有の名前がありましたが、五つ目の月からは「Quintilis（クインティリス、五番目）」、「Sextilis（セクスティリス、六番目）」、「September（セプテンバー、七番目）」、「October（オクトーバー、八番目）」としていました。そして、現在の日本の七月と八月に相当するローマ暦の当時の「Quintilis（クインティリス、五番目）」と「Sextilis（セクスティリス、六番目）」の月が、紀元前一世紀以後の政治家の名前に基づいて「Iulius, Julius（ユリウス）」、「Augustus（アウグストゥス）」とされました。

ちなみに、数学史上、画期的な出来事である「０（ゼロ）」の発見は原初的な空白という形では古代バビロニアなどで見られますが、現代の数学におけるものと同様の機能を持つゼロを含む位取りの表記方法は七世紀のインドに逆上ることができます。インドにおけるゼロの概念の定着は、思想史的にはおそらく仏教で「空、無」と表現される概念に由来すると思われます。

現在もインドの数学のレベルは相当なもので、初等教育では日本の九九の掛け算のように九の段まではなく、二十の段まで暗記させるようです。映画『奇蹟がくれた数式』

（二〇一六年公開）でも広く知られるようになった天才数学者シュリニヴァーサ・ラマヌジャン（一八八七年―一九二〇年）は、寝ている間にナーマギリ女神が自分の舌の上に公式を置いていくと言いましたが、彼はインド出身です。また現在でも、新しいゲームのソフトを開発するＩＴ産業などでは多くのインド人が活躍しています。

また、「即時把握」は四つを超えると無理な場合が多いのですが、見たものを航空写真のように映像的に記憶してしまうサヴァン症候群の場合には、記憶の際に見た物の中の小さな物がどれほど多くても、現物を見ずに正確に描き出せることで知られています。

3　漢字における三つ組

日本では漢字を活用しています。そこで、ここでは特に四個以上の同一物の認識方法とは異なる三個以下の同一物の「即時把握」との関係で、漢字に見られる幾つかの際立った特徴に着目しましょう。

身近な漢和辞典で部首から見ていきますと、二水や三水はあっても四水というものはありません。氷を透かした時に見える筋の象形文字である二水は、「冷」、「凍」、「冴」、「凄」

という漢字の偏にあるように、氷のイメージと関係があります。「冬」という漢字は、旧字体では下部に二水を書いていました。

水が偏になったものが三水で、「汁」、「汀」、「汗」、「江」、「汐」、「池」、「沢」、「沖」、「河」、「泣」、「沼」、「注」、「波」、「泡」、「海」、「洗」、「洋」、「浜」、「浦」、「流」、「浪」、「液」、「渚」、「渦」、「港」、「湯」、「湾」、「源」、「滝」、「漁」、「滴」、「漏」、「潤」、「潮」、「濁」、「激」など、水に関するものであることは周知のとおりです。この最後の「激」とは、この漢字を分解すれば明白になるように、「水（三水）」が「白」い水しぶきを撒き散らしながら「放」たれるほどの「激」しさを示します。また、「流」とは、この漢字の右上部分を上下逆さにすれば見えてくるように、元々は「子」が母体から逆さに頭から「流」れ出て来ることであり、そのように出て来た「子」の「月（肉付き）」が良くなることが「育」つということです。こうして「子」は肉が「充」ちて「人」になります。

「川」という漢字は部首としても、「州」や「巡」にあるように三本線までで、四本線になることはなく、「山」という漢字も三つの山からなる象形文字です。「形」、「彩」、「彫」、「彰」、「影」の旁の部分は、飾りの形を表す三旁で、四旁にはなりません。

「烈」、「焦」、「煮」、「然」、「照」、「煎」、「熊」、「熱」の脚にあるように、「火」が脚になった時の部首で、四つの同一形からなるものに連火や烈火と呼ばれる四つ点がありますが、この四つ点は最初の一点のみ左向きで、残りの三点は右向きになっていて、四点が並列になって認識しにくくなることのないように記されます。興味深いのは、水と同様に火に関する漢字にも「烈（はげ）」しさを表す漢字があり、「烈」は「刀」で切り分けた「歹（ほね）」のように炎が幾重にも分かれて燃え広がる様子を表しています。

　漢字自体が複数の同一漢字から成り立っているものを理義字と言いますが、三つの漢字から成り立っている理義字で、日常的に使用されるものに、「品」、「姦通（かんつう）」の「姦」、「森」、「犇（ひしめ）」く、「晶」、豪放磊落の「磊（らい）」、「贔屓（ひいき）」の「贔」、「轟（とどろ）」くなどがあります。三文字からなる理義字を含む漢字に、「協」、「脇」、「橇（そり）」、「囁（ささや）」くというものがあります。「渋（しぶ）」るという漢字は、元々は旁に「足」の形である「止」という漢字を三つ書き、足を停止させて渋ることを示しました。

　「集」という漢字は、元々は多くの鳥が集まっていることを示すために「木」の上の「隹（古鳥）」を三つ書いていた漢字の省略形で、「塵」という漢字も、元々は多くの鹿が立ち去った後の土ぼこりを示すために「土」の上の「鹿」を三つ書いていた漢字の省略形です。「源」という漢字も、元々は「原」を単に三つ書いていました。これらの漢字は字数が多くなり過ぎたので、三つ書いていたものを便宜上一つに省略したのですが、三つのものをそのまま残した漢字に「众」や「世」があり、「众」は太陽の下に多くの人が集まっていることを示すために、「人」という漢字を下半分に三つ組み合わせており、「世」は「十」という漢字を三つ組み合わせて三十年を表しています。「葉」も、「木」の上の三枚の葉を縦棒三本で描いた象形文字に草冠を付けたものです。

さらに、漢和辞典を見ますと、四つの漢字から成り立っている理義字もあります。「綴（つづ）」るという漢字の旁は「叒」が四つもあり、この旁だけでも「つづる」と読むそうです。他にも、「人」、「口」、「工」、「小」、「水」、「火」、「月」、「牛」、「石」、「田」、「竹」、「先」、「老」、「車」、「林」、「門」、「金」、「泉」、「春」、「風」、「魚」、「雲」、「雷」、「龍」を四つ組み合わせた漢字も諸橋轍次『大漢和辞典』（大修館／一九六六年―一九六八年）には見られますが、少なくとも日本で日常的に目にすることはまずありません。漢字文化圏においても同様らしいです。

また、「冊」は四つの木簡や竹簡を紐で横に縛ってまとめたもので、「皿」は元々伏せてかぶせた皿を示し、「目」を横にしたような網頭は網目の象形文字で、人を捕らえる網と関係の深い「罠」、「罪」、「罰」、「署」という漢字に見られます。これらは四本線が併記されていますが、横棒や囲みで判別しやすくなっています。「器」という漢字には確かに「口」が四つありますが、「大」(元々は「犬」)という漢字で上下に区別されています。

このように、漢字を瞥見して明解になるのは、記号や漢字の四つ以上の単純併記は判別しにくいために日常的には使用されることが稀であり、三つの併記でも一つに代表されることがあり、人々の判別に資するようになっているという点です。キリスト教と直接的に関係のない漢字の成り立ちについて、この「四つ以上の単純併記は判別しにくい」ことと、「三つの併記でも一つに代表されることがあり、人々の判別に資するようになっている」ことは三位一体論の議論との関係で極めて重要です。

4　聖書の中の数

聖書において数は重要な意味を持っています。下記に解説するような意味がすべてではありませんが、各々の数は特定のものを連想させます。特に、三位一体の神と人、イエスとその弟子を念頭に置いて検討してみます。

「二」は唯一の神を示します。律法学者たちの一人が、「すべての戒めの中で、どれが第一ですか」と尋ねると、イエスは申命記６章４―５節を引用して、「第一のものはこれである。『聞け、イスラエルよ。私たちの神、主は唯一の主である。そこで、あなたはあなたの心を尽くし、あなたの魂を尽くし、あなたの考えを尽くし、あなたの力を尽くして、あなたの神である主を愛しなさい』」と答えました（マルコによる福音書12章29―30節）。ここで、「唯一」という表現はギリシャ語では単に「一（ヘイス）」です。イエスはローマ帝国下においても、「主」はローマ皇帝ではなく、真の神のみであると確認したのです。

また、イエスは「私と父は一つである」と宣言しました（ヨハネによる福音書10章30節）。ここで、「一つ（ヘン）」がギリシャ語では男性形の「ひとり（ヘイス）」ではなく中性形であることは、イエスと父なる神は単なる一者なのではなく、本質において一つであり、完全な一致を保っていることを示しています。「一」という数は、皆で一体と言う時の一つという意味もあれば、個数が一つと言う時の一つという意味もあるので、確かに二以上の数とは別格の数です。

「二」は最低限必要な証人の数です。イエスは申命記19章15節に基づいて、「もし、あなたの兄弟があなたに対して罪を犯したなら、あなたは行って、あなたと彼だけの間で彼を諭しなさい。もし、彼があなたに聞くなら、あなたは自分の兄弟を得たのである。もし、彼が聞かないなら、あなたは自分と共にもう一人か二人を連れて行きなさい。すべてのことが、二人か三人の証人の口によって確立されるためである」と語り（マタイによる福音書18章15—16節）、複数の証言の一致による公正な裁きを追求しました。

「三」は確証を意味します。イエスが一番弟子のペトロに、「あなたこそ今日、今夜、鶏が二度鳴く前に、三度私を拒むだろう」と言ったとおり（マルコによる福音書14章30節）、実際にペトロは三度イエスとの関係を確かに否定しました（マルコによる福音書14章66—72節）。ここで、「三度」とは物事が確証されることを意味します。

聖書の中で数と最も深い関係にあるヨハネの黙示録では、天上における「聖なるかな、聖なるかな、聖なるかな、神であり、全能者である主。いた方であり、いる方であり、来る方」という賛美が記録されていますが（ヨハネの黙示録4章8節）、この三重の賛美は、過去も現在も未来も生きている神に対するものと考えることも、父なる神、子なる神イエス・キリスト、聖霊なる神に対するものと考えることもできます（イザヤ書6章3節）。キリスト教会はこの父、子、聖霊の三位一体の神に基づいて三度水を振り掛け、志願者に洗礼を授けます（マタイによる福音書28章19節）。

また、興味深いのは聖書において円周率は概数で「三」とされていることです。紀元前十世紀のソロモンの時代に、神殿の祭具に祭司の沐浴用の青銅製円形の「海」がありましたが、その直径は「十アンマ」、周囲は「三十アンマ」、高さは「五アンマ」でした（列王記上7章23―26節、歴代誌下4章2―6節）。一アンマは約五十センチメートルです。

「四」は世界を象徴しています。この「聖なるかな、聖なるかな、聖なるかな」という賛美は（ヨハネの黙示録4章8節）、「四つの生き物」によるとされていますが、これは世界の東西南北である四方を見張り、見守っていることを示しています（ルカによる福音書13章29節、使徒言行録10章11節、ヨハネの黙示録7章1節）。また、当時のローマ兵は「四人一組」、または さらにそれが「四組」となって見張りをしていましたが（使徒言行録12章4節）、四方から監視していたと考えることも、夜間なら午後六時から翌朝午前六時までを夕方、夜中、鶏の鳴く頃、明け方に四区分して順番に仮眠を取り、監視していたと考えることもできます（マルコによる福音書13章35節）。

「五」は片手五指ほどの少数を指します。イエスが男だけで五千人もの群衆に食べ物を施す時に、弟子たちが用意できた魚はたったの五匹でした（マルコによる福音書6章38節）。使徒パウロは「教会において私は他の人々も教えるために、異言による一万の言葉よりも、五つの言葉を私の理性で語りたいと思います」と言いました（コリント人への手紙一14章19節）。語っている本人以外には不明な言葉を畳み掛ける異言は霊的なものですが、パウロは誰にでも分かる理性的な「五つの言葉」で語ることを選んでいます。少しのキーワードでも、明解な言葉に基づく使信をパウロは心掛けたのです。

「六」は数学的には、自然数nがnを除くnの約数の総和（一を含む）に等しいという完全数の最小値ですが（つまり、六は一、二、三の合計）、聖書では完全を示す「七」より何か一つ足りない不完全を表します。イエスはガリラヤのカナで結婚式に招かれて、ぶどう酒が足りなくなる場面に出くわした時、ユダヤ人たちが清めのために置いていた「六つ」の大きな石の水がめの中の水をぶどう酒に変えるという奇跡を行いました（ヨハネによる福音書2章1―11節）。この「六つの石の水がめ」は、ユダヤ人たちの清めの儀式が不完全であることを示すと共に、イエスが神の子としてその不足分を完全に充たすことを示しています（ヨハネによる福音書2章7節）。

ヨハネの黙示録にある有名な「六百六十六」は、文字どおり「獣の数字」であり、「人間の数字」です（ヨハネの黙示録13章18節）。これは「六」を「三」桁に渡り重ねることにより、「人間」が「六」の示すように不完全であることを「三」度も確証していることを示しています。「人間」は一週間「七」日のうちの日曜日という「一」日を礼拝に費やして天を仰ぎ見ることがなければ、四つ足のために両手を天へ向かって広げて礼拝をすることができない「獣」のように、平日の「六」日のみ、むなしく生きていることを「六百六十六」は暗示しています。

また、聖書では紀元前十世紀のダビデの時代のイスラエルの民の敵に、手足の指が「六」本ずつある巨人がいたと特記されていますので（サムエル記下21章20節、歴代上20章6節）、当時からほとんどの人々の手足は指が五本ずつであったと想像できます。「左利き」の場合もそのように特記されているので、当時から人々は右利きが多かったと想定できます（士師記3章15節、20章16節）。

「七」は神が天地万物を七日間で完成して休息したことに基づいて（創世記2章2節）、完全や完成を表しています。ペトロがイエスに、「主よ、私の兄弟が私に対して罪を犯すなら、私は彼を何度許すべきでしょうか。七度までですか」と聞くと、イエスはペトロに、「七度までではなく、七の七十倍まで」と返しました（マタイによる福音書18章21－22節）。ペトロは「七」という完全数を知っていたと思いますが、イエスは「七の七十倍まで」と言って、人知を超える程度にまで徹底的に許すことを教えたのです。ヨハネの黙示録に度々出て来る「四十と二か月」や「千二百六十日」、「三日半」は、各々七年の半分の「三年半」、七日の半分なので、中途半端な期間を意味します（ヨハネの黙示録11章2、9節、12章6節、13章5節）。

少し飛びますが、「十」は神の「十」の戒めを（出エジプト記20章1―21節、申命記4章13節、5章1―22節）、「十二」は選びを想起させます。神の選んだイスラエルの民は「十二」部族であり（創世記49章28節）、この部族が失われたためにイエスは新たに「十二」人の弟子たちを使徒として選びました（マルコによる福音書3章13―19節）。十二という数は、一年間十二か月を通じて何らかの仕事を月ごとに割り当てるのに便利だったと考えられますし、仕事に応じて幾つかの組に分ける際にも都合がよいと思われます（マルコによる福音書6章7節）。

現代のある文化人類学者によると、「世界中の企業や運動チームや軍隊を対象とした研究の結果、集団がうまく機能するための、理想的な規模というものがあることが確かめられた。その理想的な規模とは、八人から十二人である」そうです（エドワード・T・ホール『文化を超えて』〔TBSブリタニカ／一九七九年、原書一九七六年〕二二六頁）。この人数は相互に十分に知り合い、各人の能力を最大限発揮できる効果的で生産的な規模であり、この人数を超えると各人の参与の程度の差異化、コミュニケーション不足による分裂、課題遂行プロセスの複雑化などを招来してしまうということです。イエスの選んだ弟子の数は、文化人類学的に見ても適切です。

5 三位一体の神

このように検討してみますと、「三」と「一」を基準とする三位一体の神やイエスの選んだ「十二」弟子は、神が万人を含む万物の救済という課題を遂行する際に適切な型なのではないかと思われます。

三位一体の神の三者性は「即時把握」との関係で、古今東西の人々に認識されやすい型であると言えます。また、神は真の神自身であることを確証するために、父なる神、子なる神イエス・キリスト、聖霊なる神として三度現われています。また証言という視点から見ると、父なる神と子なる神が聖霊なる神を証言し、子なる神と聖霊なる神が父なる神を証言し、聖霊なる神と父なる神が子なる神を証言するという関係は、一者に対する二者という最低限必要な証人の数を満たしているので、神の真実性を示しています（ヨハネによる福音書5章31—40節)。現代の英語に残っている「testimony(テスティモニー、証言)」とは、ラテン語で「tres(トレス、三)」人の人が法廷に「sto(スト、立つ)」こと、例えば二者の争いについて第三者が証言をするという意味です。イエスも父なる神と聖霊なる神について証言をしていました(ヨハネによる福音書14章16—17、26節、15章26節、20章21—22節)。

古代の神学者は三位一体論を解説する時に、自然界の構造や人間の内部の仕組みにも目を向けました。三世紀初頭にカルタゴで活躍した西方教会初期のテルトゥリアヌスは、自然界の根と芽と実、水源地と川と灌漑用水、太陽と光線と明かりを被造物における神の三位一体の説明として利用し、五世紀初頭に『三位一体論』を著した古代最大の教父アウグスティヌスは、人は御父、御子、聖霊を同時に発音できないし説明できないとし、物体と視像と意志、または像と内的視像と意志という人の認識の仕組みによって解き明かしました(宮平望『神の和の神学へ向けて』の「第一章 テルトゥリアヌスの三位一体論と『所有』概念」と「第二章 アウグスティヌスの三位一体論と『存在』概念」)。

中世キリスト教世界では三位一体論の神をさらに抽象化して、ある意味で完全な永遠の構造をしている三つの円や三重の円で表象することもありました。ダンテは14世紀初頭に著した『神曲』(筑摩書房/一九七三年)の「天堂篇 第三十三歌」において、「かの崇高な光の深くて明るい本体の奥底に、私は三つの円が現われたように思われたが、その色は三色であり、大きさは同じであった。……第三の物は第一と第二から等しく吐き出される火のようだった」と記して、三位一体の神の完全性に言及しています。

神は天地創造において空に光る物を造り、太陽に昼を治めさせ、月に夜を治めさせ（創世記1章14―18節）、最終的に天の都において、父なる神と神の子羊イエスは太陽や月の代わりにすべてを照らしていますので（ヨハネの黙示録21章22節―22章5節。マタイによる福音書17章2節も参照）、ダンテのように神を太陽や月のような明るい円のイメージと結び付けるのは明解です。

また、聖書において円周率は概数で「三」とされているので、円は「三」位一体の神を示すのにも適切です。さらに、アラビア数字の123456789のうち、形態的に円に最も近いのは「3」でしょう。イフラーの前掲書を見ますと、中世ヨーロッパでは「3」の筆記体は半円の弧を上下に二つ並べたような形もありますので、この上下を動かして閉じるだけで円になります。「1」、「2」、「5」、「7」は無理に変形しなければ円にならず、閉じた形を持つ「4」、「6」、「9」も円にするには飛び出た部分を切る必要があり、「8」は切り離すと円が二つになってしまいます。最初から円に最も近い楕円の「0」は無なので、

「私はあるというものである」（出エジプト記3章14節）という神の自己紹介が示す神の「有」そのものである性質と正反対です。

ダンテは「浄罪篇　第二十三歌」において、「人間の顔の中にOMOを読みとる者は、そこに明白にMを認めたことだろう」と述べて、煉獄において痩せ衰えている人の顔を記しました。ラテン語で「homo（ホモ、人間）」の「h」をギリシャ語のように気息記号として省略すれば、「omo」となるので、ここから中世社会では、人間は二つの「O」である目を持ち、片側の頬骨と眉から鼻を通って反対側の眉と頬骨を結んだ線である「M」を持つというある種の言葉遊びがありました。「O」二つと「M」によって言わば人の顔認証をしていたのです。ついでに文字遊びをすると、「M」の小文字筆記体の「m」を右回りに90度回転させると「3」になりますので、これを閉じて円にすると三つの円ができあがります。

現代では、人間の脳が三つの点の集まりを人間の顔と認識する仕組みを「シュミラクラ現象」と呼び、デジカメの顔認識機能で活用されているそうですが、これは、人間がどのような暗黒世界においても遥か彼方に光る三位一体の神の姿を見分けることができるようにした神の創造の業の一部なのでしょうか。

縦横奥行きからなるこの世の三次元は、崇高な存在である父なる神、広く人々に救いを届ける子なる神イエス・キリスト、神の奥義を伝える聖霊なる神と、高さ、幅広さ、奥行きにおいて対応しているようにも思えます。かつて天地万物を創造した父なる神、復活して今も共にいる子なる神イエス・キリスト、今後より大きなことを教えて実現する聖霊なる神は（ヨハネによる福音書14章12―17節）、過去、現在、未来というこの世の時間とも対応しています。空間的であれ時間的であれ、これらは三つが揃って初めて内容が明解になります。一つだけだと相互関係が不明確で混乱を招来するでしょう。音楽でもドやミやソのどれか一つの単音よりは、ドミソという和音の方が美しく聞こえます。この世の様々な「三」の中には、神の美を奏でているものもあるのではないでしょうか。

第3章　戦争を鎮めた三位一体の神

第一次世界大戦中のクリスマス休戦

1　「トリニティ」

十年以上も前のことですが、拙著『ゴスペルエッセンス　君に贈る5つの話』（新教出版社／二〇〇四年）の「第3章　戦争のリズムと平和のリズム　三拍子の知られざる由来」において、アメリカの原爆製造計画であるマンハッタン計画は実験用原子爆弾を「トリニティ（三位一体）」という暗号で呼んだことや、中世由来の三拍子のリズムはキリスト教の説く御父、御子、聖霊の三位一体に由来することに関して次のような考察に言及しました。

「二拍子のリズムで軍隊が闊歩している時に、三拍子のリズムのワルツが鳴り出したら、軍隊はまともに行進できず、戦意を喪失するに違いありません。場合によっては、武器を投げ捨て、敵であった人たちと踊り出すかもしれません。つまり、三拍子のリズムは、二拍子の軍隊の行進を阻止するリズムであり、根源的に三拍子のリズムを持つ神は、敵を殺戮に行く人間の二拍子の行進を阻止し、敵を友とし、お互いを仲良く踊らせる平和の神です」（前掲書六四―六五頁）。

その後、私自身は実際にこのような事態が一九一四年にクリスマス休戦として起こったことを聞知しましたが、百周年の二〇一四年にはその出来事が世界中のメディアを通して様々な形で人口に膾炙し（『ＮＨＫラジオ　攻略！　英語リスニング　二〇一六年十二月』〔ＮＨＫ出版／二〇一六年〕の「Lesson 34 Christmas Truce」も参照）、日本のバンドSEKAI NO OWARIはこの百周年に、クリスマス休戦をテーマにした英語の曲Dragon Nightをアメリカでレコーディングしました。このヒット曲が日本語にされたのは、その少し後のことです。

また、アメリカのニューメキシコ州の原爆実験場となった「トリニティ・サイト」に関する日本の小説が二〇一〇年にはKyoko Hayashi, tr. by Eiko Otake, *From Trinity to Trinity*,（Barrytown, NY: Station Hill Press, 2010）として英訳出版されました。

2　「トリニティからトリニティへ」

群像新人賞や芥川賞を初めとして数々の文学賞を受賞した林京子（一九三〇年―二〇一七年）は、出身地の長崎市内で被爆した経験を原点として核兵器や生命体をテーマにした作品を世に問うてきました。「トリニティからトリニティへ」（『群像　第五十五巻　第九号』〔講談社／二〇〇〇年〕）は、作者が一九九九年にトリニティ・サイトを訪問して著した小説で（『林京子全集　第6巻　長い時間をかけた人間の経験』〔日本図書センター／二〇〇五年〕所収）、アメリカの大学で原爆について教えるダンサーの尾竹永子によって英訳され、出版されました（『朝日新聞　朝刊　13版　二〇一〇年11月26日』〔朝日新聞社／二〇一〇年〕三一頁）。

「トリニティから」とは、作者の投影である主人公が動員されていた長崎の兵器製作所において、トリニティ・サイトで爆破実験された実験用原子爆弾トリニティと同じプルトニウム爆弾によって被爆した主人公の起点を示しています。兵器製作所は爆心地から一・四キロメートルほどの近さで、主人公は被爆後、半世紀以上経ても歯茎からの出血などを患っています。「トリニティへ」とは、トリニティ・サイトへの訪問を指し、「縁が切れないのなら、呑み込んで終わらせよう」と、主人公は現地行きを実行したのです（『林京子全

集　第6巻』八四頁)。

主人公は同窓生の友人に車で案内される途上で立ち寄ったナショナル・アトミック・ミュージアムの展示を前にして、三軍一体となった基地の歴史と空軍の歴史と原子爆弾の歴史のパネル写真や、原子爆弾を搭載したB29ボックス・カー号の飛行経路であるマリアナ諸島のテニアン島と九州の長崎と沖縄と思われる三点を赤線で結ぶ鋭角な三角形、三人の白人男性が見ている白黒記録映画のキノコ雲に目を奪われます。このような「三」の収斂点には知り合いの犠牲者がいることに募る思いを寄せていたからです。主人公自身もそこにいたのです。

実際のトリニティ・サイトでは、立看板による入場規則の一つとして、中心地「グランド・ゼロ」から「トリニティ」を拾ったり持ち帰ったりしてはならないとの文言があり(『林京子全集　第6巻』一〇四頁)、ここでトリニティとはこのサイト内にある石や砂、草や花、ゴミなどのあらゆる物を指します。果たして主人公は生気に欠ける荒漠たる当地に立ち、「私は、地上で最初に核の被害を受けたのは、私たち人間だと思っていた。そうではなかった」と思い直し、被爆しても物言わぬ生物を含む大地を目前にして自らの被爆意識が消えていたことに気づきます(『林京子全集　第6巻』一〇六頁)。

「三軍一体」に名称を利用された「三位一体」は、現在に至るまでその負の遺産を揺曳させています。マンハッタン計画で排出された核廃棄物の放射性硫酸バリウム八七〇〇トンがミズーリー州の処分場に通常のゴミと一緒に埋置されていて、特に八年前に発覚した地下火災は近隣住民に深刻な健康被害を及ぼしています（『朝日新聞　朝刊　二〇一八年十一月二十一日［水］14版　福岡　国際』一〇頁）。

このような事態とは逆に、三位一体が人類の平和に資する形で利用された例もあります。

3　クリスマス休戦

ロンドンには第一次世界大戦以後の戦争関連物語を記録保存する目的で一九一七年に設置された帝国戦争博物館（Imperial War Museum）があり、そのウェブサイトでも貴重な歴史的記録が多々公開されています。特に興味深いのは、史実の信憑性を多少疑う向きもありますが、元兵士たちの実名や当時の写真付きで解説されている「クリスマス休戦（Christmas Truce）」に関するものです（モードリス・エクスタインズ［金利光訳］『春の祭典　第一次世界大戦とモダン・エイジの誕生』［ＴＢＳブリタニカ／一九九一年、原著一九八九年］一五九—一六五頁、ジャン＝ピエール・ゲノ編著〔永田千奈訳〕『戦地からのラブレター　第一次世界大戦従軍兵から、愛するひとへ』〔亜紀書房／二〇一六年、原著二〇一四年〕一〇五—一〇六頁も参照）。

第一次世界大戦はドイツやオーストリアなどの同盟国側とフランス、ロシア、イギリス、日本などの協商国側の大戦ですが、西ヨーロッパではドイツ軍が中立国のベルギーや、さらに北フランスに侵攻すると、両勢力は西部戦線の至る所に掘った塹壕で攻防を繰り返しました。

ところが一九一四年のクリスマスイブの夜、フランス側のある塹壕にいたイギリス派遣軍は近い所では百メートルもないドイツ軍の塹壕から聞こえるクリスマスキャロルの歌声に気づき、そこで明かりがともされると多くのモミの木も目にしました。イギリス軍も相手の様子を窺いつつクリスマスキャロルを歌い始め、こうして両軍はメリークリスマスと叫び合い、翌日にはお互いに攻撃しないことを慎重に確認しつつ中立地帯に歩み寄り、煙草、酒、お菓子や住所の交換、記念撮影、死者埋葬、塹壕修理、相手の塹壕への訪問などを行い、ついには空き缶などを蹴り回してサッカーの俄か試合に興じたりしたのです（'Letters from the Front. Christmas Truce. Football with the Enemy,' *The Times Friday January 1, 1915*, [London, 1915] 三頁、'Alfred Anderson, 109, Last Man from "Christmas Truce" of 1914,'

The New York Times Tuesday November 22, 2005,［New York, 2005］B九頁も参照）。プレゼント交換が実現したのは、例えばイギリスでは王女メアリーから煙草やチョコレートが塹壕に贈られていたことや、フランスやドイツもそれぞれ種々のクリスマスプレゼントが届けられていたことに起因します。

このような非公式、自発的な休戦がベルギーのイープル（Ypres）など、西部戦線で部分的、一時的に見られると、両軍の士官や最高司令部は士気の低下を招きかねないと案じて休戦を防止しようと試みましたが、クリスマス以外の時でも後々まで局所的休戦はあったそうです。20世紀のイギリスのキリスト教哲学者ジョン・マクマレーは当時、自分も含めて平和主義者たちのほとんどはフランスの塹壕の中にいたと皮肉を込めて痛告し、戦争を愚考、破壊、無駄、無益と断言しました（宮平望『ジョン・マクマレー研究　キリスト教と政治・社会・宗教』［新教出版社／二〇一七年］三一頁）。マクマレーなら休戦を賢明、修復、有効、有益と考えたでしょう。逆に第一次世界大戦当時、二十代半ばでバイエルン陸軍に所属していたアドルフ・ヒトラーはクリスマス休戦の場にいたドイツ人のことをドイツ人の「自尊心（a sense of honor）」のかけらも残っていないのかと侮蔑したそうですが、ヒトラーには「ヒューマン（human）」らしい「ユーモアのセンス（a sense of humor）」がなかったようです。

　クリスマス休戦をテーマにしたフランス・イギリス・ドイツ合作の名画『戦場のアリア』（二〇〇五年）では、司令部が若者を前線へと送り込み、前者が地図でペンを使い、後者が塹壕で銃を使い、乖離した形で戦争をしていることや、一九一四年十二月七日のローマ教皇ベネディクトゥス十五世からヨーロッパ首脳らへ向けられたクリスマス休戦提案を無視したフランス・イギリス・ロシア対ドイツ・オーストリアというキリスト教国同志が殺し合っていること、教会と国家が結託して世界戦争を推し進めていることなどの不条理が垣間見られます。休戦に参加したドイツ兵らは、ドイツとロシアが対峙する東部戦線に送り込まれました。こちらの戦線は、ロシア正教会の教会暦の関係上一月七日にクリスマスを祝うことになっていたロシアと十二月二十五日にクリスマスを祝うドイツ軍がクリスマス休戦を持ちにくい戦地でした（Malcolm Brown, *The Imperial War Museum Book of 1914 The Men Who Went to War*, [London: Pan Macmillan, 2004] 二六二頁）。ドイツ軍の状況は、例えばイープルでの最初の戦闘では、三人組の中の一人しか銃を携行しない集団突撃隊の多くが少年や十六、十七の若者であったというイギリス軍による報告があります（帝国戦争博物館のウェブサイト）。

休戦において大きな役割を果たした「中立地帯（no man's land）」とは、「無人地帯」とも「中間地帯」とも訳せる示唆に富む表現です。また「人（man）」は単に「兵士」を意味することもできるので、その場合は兵士のいない地帯です。つまり、中立地帯は敵味方としての兵士がいない場所であり、生きている人間ではなく死体が埋葬される墓場であり、神と人の間を取り持つキリストの名のもとに敵味方の隔てなくキリストの誕生、クリスマスが祝われる場所にもなったのです。

この中立地帯ではキリスト教という宗教だけでなく、サッカーというスポーツも重要な役割を果たしていました。一九九七年から十年間イギリス首相を務めたトニー・ブレア（Tony Blair）はクリスマス休戦に言及して、スポーツは共同体を形成して闘争を終結させる力を持ち、サッカーやフットボールなどがかつての少年兵らに対して癒しのプロセスを提供していると述べています（'How sport can replace enmity with friendship,' *The Times Friday March 27, 2009,* [London, 2009] 四頁）。確かに、紀元前八世紀から四世紀後半のローマ皇帝テオドシウスによる禁止まで、ゼウス神にささげられていた古代ギリシャのオリンピアの祭典は、短距離走やレスリングから、幅跳び、槍投げ、円盤投げ、中距離走、長距離走、競馬、戦車競争などに至り、集団や個人の闘争心を公正な規則のもとに展開される競技に昇華させる働きを担っていました。

ここで特に興味深いのは、実際に古代ギリシャではオリンピア祭への参加者の安全を確保するために、開催地オリンピアを擁する都市エリスから馬に乗った使者がギリシャ全土に「オリンピック休戦」を触れ回っていたことです。この休戦呼号には、例えば紀元前五世紀後半のペロポネソス戦争を止める力はなくても、その期間に祭典を継続させる力がありました。また、競技に参加できる自由市民男子が全裸であったことは、銃器などを携行していない非戦闘員の丸腰という表現を想起させます。スポーツも宗教と同様に休戦への重要な力となりうるのです。

4 「きよしこの夜」

クリスマス休戦の出来事の中には、ドイツ軍兵士たちがクリスマスキャロルの定番「きよしこの夜（Stille Nacht, heilige Nacht !）」をドイツ語で歌い出し、歌い終わるとクリスマスの挨拶の叫び声が中立地帯を挟んで両軍から交わされ、ドイツ軍兵士たちの「君たちも『きよしこの夜』を歌ってみてくれ」という誘いに応えてイギリス軍兵士たちが英語で歌い始めることもあったそうです。

　この「きよしこの夜」が三拍子系の曲です（八分の六拍子）。三拍子のリズムのもとで、人は毅然と行進するよりも、むしろその場の雰囲気に包まれてたゆたい、行進して他者と衝突するよりも、むしろその場の流れに身を任せて相手を招き入れます。三拍子の代表的なものは、ワルツなどの舞踏音楽です。「きよしこの夜」はどのような背景で作られたのでしょうか。その由来を探ってみましょう（以下、ポール・ギャリコ〔矢川澄子訳〕『「きよしこの夜」が生まれた日』〔大和書房／一九九四年、原著一九六八年〕、ヴェルナー・トゥースヴァルトナー〔大塚仁子訳〕『「きよしこの夜」物語』〔アルファベータ／二〇〇五年、原著二〇〇二年〕、大塚野百合『「きよしこの夜」ものがたり　クリスマスの名曲にやどる光』〔教文館／二〇一五年〕参照）。

　話はやはりザルツブルクに逆上ります。「きよしこの夜」の作詞家ヨーゼフ・モール（一七九二年―一八四八年）は音楽の都ザルツブルクに生まれ育ちますが、幼少期と青年期をフランス革命とその余波の混乱の中で過ごします。彼の母アンナは編み物職人で、父はザルツブルク宮殿の一兵士でしたが、この父はアンナから非嫡出子として生まれた息子の顔を見ることなく逃亡しました。アンナの子ども四人はすべて異なる父親から与えられた子ですが、当時は社会的制約の中で結婚が困難なために出産が先になったのかもしれません。

彼女は「犯罪行為」とされていた未婚出産のために、役所で罪の告白をさせられています。

こうした制約の中で育ったにもかかわらずモールは、その音楽的才能がザルツブルク大聖堂合唱団主任司祭に知られると、養子にしてもらって高校卒業まで支援され、その後にカトリックのオーバーエスターライヒの神学校を経てザルツブルクの神学校を一八一五年に卒業します。彼はその神学生時代の一八一三年、十行足らずの短い自筆の祈りにおいて、魂から闇を取り去ることと、我々を見捨てないことを二度強調して嘆願しています。

一八一四年からウィーン会議が開催され、幾度も他国に占領されたザルツブルクはカトリック大司教を領主とする領邦から、一八一六年にザルツァッハ川を国境としてオーストリア領になり、翌年モールはザルツァッハ川をザルツブルクから北に十七キロほど下った所にある貧しいオーベルンドルフ村の聖ニコラ教会の助任司祭になります。そして、人々のために持てる力を注ぎ込んでいたモールはヴァイオリンだけでなくギターもこなし、一八一八年のクリスマスイブに聖ニコラ教会のオルガニストを代行していた音楽教師フランツ・クサーヴァー・グルーバー（一七八七年―一八六三年）に、自分が二年前に書いた詩「きよしこの夜」の曲を作ってほしいと提案します。こうして二人はその夜のミサの後、教会に集った人々にこの曲を披露して好評を博したのです。

　こうして評判は日に日に広がり、今では百五十以上の言語に翻訳され、世界的に有名になりました。この歌詞にはカトリック的な聖母マリア崇拝がないため、プロテスタント圏にも受容されたという指摘もあります。しかし、実はこの曲は、十九世紀半ばにベルリンのプロイセン王立宮廷楽団がザルツブルクの聖ペーター修道院合唱団監督を通して、この合唱団にいたグルーバーの息子にこの作曲について尋ねるまで、チロル地方の民謡としてしか知られていませんでした。モールとグルーバーの謙虚な人柄が窺い知れます。当初、人々はこの曲の素晴らしさに圧倒され、オーストリアのあの有名な作曲家フランツ・ヨーゼフ・ハイドン（一七三二年―一八〇九年）かその弟ヨハン・ミヒャエル・ハイドン（一七三七年―一八〇六年）の作曲と思っていたそうです。

　グルーバーは、オーベルンドルフ村から四十キロほど離れたホーホブルクで生まれ、家業の機織りをしていましたが、音楽の才能を見いだされて十八歳の時にオルガンを本格的に始め、一八〇七年にオーベルンドルフ村近くで音楽教師兼オルガニストとして勤めます。こうして、彼は聖ニコラ教会の臨時オルガニストにもなったのです。家庭では二度も妻と死別し、十二人の子どものうち四人しか成人しなかったことを考慮すると、グルーバーも試練の人でした。

このような二人に共通するものは、フランス革命後の混乱の中で生き抜き、逆境の中でも自らに与えられた場所、時間、才能を活かして身近な隣人と協力して生きる姿です。この二人の場合、キリスト教という宗教と音楽が両者を結び付けました。クリスマス休戦の場合はこれにスポーツも加わり、文字どおりの対面する敵ではなく自分の心中の敵意を鎮めることによって両軍は一層強く引き付けられました。モールもグルーバーも試練の中に置かれましたが、そのような中で生み出された「きよしこの夜」だからこそ、第一次世界大戦という試練の中に置かれた従軍兵士たちの心の中にも届き、そこから沸き上がっていったのです。

宗教（聖書）や音楽（芸術・技術）や体育は、学校教育では副教科として扱われています。しかし、戦時中は試練の中で主要な効果を発揮しました。確かに、これらは原理主義的宗教、軍隊行進曲、格闘技という戦闘的側面も孕みますが、戦時中に相俟って言わば「三位一体」となり、平和を構築する重要な三教科の役割を果たしていました。

5　クリスマスの平和

「きよしこの夜」は元のドイツ語では六番までの冒頭で「静かな夜、聖なる夜（Stille Nacht, heilige Nacht!）」と歌い始めます。モールはフランス革命後の混乱期の中で飢餓や大火も間近に体験し、せめて夜は静かな聖なる一時であってほしいと願ったのでしょうか。また、「静かな夜、聖なる夜」は、この世が騒がしい夜、汚れた夜であれば、対照的です。この詩を書いたモールの境遇にたいする偏見や悪評が、当時の社会を騒がしく俗っぽい夜にしていたことがあって、「静かな夜、聖なる夜」を願ったのかもしれません。

しかし、モールの境遇はある意味でイエスと同じです。イエスの時代もユダヤ人たち、そしてキリスト者たちはローマ帝国の支配下で不安定な日々を過ごしていました。また、イエスの母マリアは夫ヨセフと「一緒になる前に」身ごもっていて、「さらし者」になりかねない状況にありました（マタイによる福音書１章18―19節）。しかし、そのようにして生まれた子が平和の君として平和を残したことに基づいて（イザヤ書９章５節、ヨハネによる福音書14章27節、16章33節、20章19―26節）、モールは「きよしこの夜」の中で世界平和への祈りを記していると思われます。

さらに、そのイエスは神が御父、御子、聖霊の三位一体であることを示し（マタイによる福音書28節19章）、中世カトリック教会はそこから三拍子を神聖なリズムとし、それが一般化されて三拍子の舞踊曲も作られました。現在でも医療機関や介護施設の中には、二拍子の音楽と三拍子の音楽を使い分けて、看護や介護を必要とする人が何かの作業を進める際には二拍子の音楽をかけ、休んでくつろぐ時には三拍子の音楽をかける所もあるそうです。

幼い頃から慣れ親しんだ三拍子系の「きよしこの夜」が一時的、部分的にではあるにせよ、世界戦争を止めました。多くの軍人が夏に開始された第一次世界大戦はクリスマスの頃までには終わるだろうと想定していましたが、それは自分たちの軍事力を過信し、楽観視していたからです。しかし、戦争の最初の休戦は局所的な出来事であったとしても、大きな軍事力ではなく、一つの賛美歌が中心的な役割を果たすことになるとは、誰も夢にも思わなかったでしょう。確かに、第一次世界大戦期には、「静かなる夜、聖なる夜、ドイツは総動員！　フランスは苦境に陥り、ロシアはドイツに完敗だ。さあ、次は英国だ、（くりかえし）」というドイツ側の替え歌もありましたが（トゥースヴァルトナーの前掲書一三八頁）、平和共存を祈る歌詞がこだましたのも事実です。

地上の「トリニティ・サイト」の「グランド・ゼロ」からは、「トリニティ」を拾ったり持ち帰ったりしてはならないと定められていますが、天上の真の「トリニティ・サイト」からは、「グランド・ゼロ」とも言うべき天地創造以来、「トリニティ」なる神の豊かなあらゆる知恵を引き出して、持ち帰ることが許されています。この豊かな知恵を活用せずにはいられません。「知恵」とは、まさしく「知」る「恵」みです。

第４章　負うた神に負われる人

救われるヒント

１　「足跡」

「足跡（Footprints）」という詩があります。最近では、葉書、壁掛け、ポスター、カレンダーなどにも印刷されて売られているのを見かけます。私自身も深い感動を持って読んだことを覚えています（マーガレット・フィッシュバック・パワーズ［松代恵美訳］『あしあと』［太平洋放送協会／一九九六年、原著ハーパーコリンズ出版社／一九九三年］、マーガレット・フィッシュバック・パワーズ［尾崎安訳］『主の御腕に抱かれて「足あと」に献げる感謝の花束』［新教出版社／一九九七年、原著ハーパーコリンズ出版社／一九九六年］参照）。次のような内容です。

「私」は夢の中で、これまでの歩みが砂浜に足跡として映し出されているのを目にします。主イエスに従って共に歩んでいたために足跡は常に二組でしたが、これまでの人生において最悪であった最後の場面には一組の足跡しかありませんでした。そこで「私」は主に、なぜそのような時に「私」を一人にしておいたのですかと尋ねます。すると、主はあなたのもとを一時も離れたことはなく、一組の足跡しかない時はあなたを抱きかかえていた時だと答えます。

つまり、一組しか足跡がない時、その足跡は「私」のものではなく、「私」を抱きかかえていた主イエスのものだったのです。一人だと思っていた時は実は既に抱きかかえられていたのだということに気づかせるこの詩の最後の一行に辿り着くと、「私」の自己中心的な見方や姿とは対照的に、「私」を抱きかかえる主イエスの哀れみ深い配慮と着実な歩みが目に浮かびます。

「私」は主に従う決心をした時、主がいつも共に「歩き（walk）」、「語る（talk）」という約束を自己中心的に受け止めていたので、「苦難（trials）」や「艱難（testings）」の度に、その約束の内実を忘れたまま自分一人にされたと即断してしまいます。主を必要とする自分の意識については敏感ですが、主が自分を必要としていることについては鈍感なのです。

英語原文で二十六行ほどの短い詩の中で、作者の「私（I）」という単語は実に十回も出てきます。

逆に、主はそのような「私」をまずそのままの姿で受け入れ、自己中心的な「私」に「大切な子よ（My precious child）」と静かに呼びかけ、愛しつつ共に歩んできたことを確認します。主にとって「私」はわがままであっても、文字どおり「高価な（precious）」子です。したがって、親が子を宝物のように抱くのと同様に、主は依然として幼く弱い「私」を抱きかかえていたのです。

「抱きかかえる（carry）」と訳した表現は、「担う、負う、背負う」という意味だけでなく、「車（car）」などに載せるようにして「運ぶ」という意味もあります。「主」は貴重な子を「抱きかかえる」だけでなく、苦難の中で守り、共にくぐり抜けてくれていたのです。このような苦境を経た人は、その後に主による救いをあちこちに伝えるでしょう。良い知らせである福音を担って広く告げ知らせることになるのです。

したがって次に、主である神やキリストを担うという表現の幾つかをキリスト教史の中から見てみましょう。

2　神を担うイグナティオス

神を担うということで一番有名なのは、おそらくイグナティオス（三五年―一一〇年頃）でしょう。彼は地中海東部に面したシリア北部の都市アンティオキアの二代目の監督でしたが、後にアンティオキア教会の責任者ということで捕らえられ、最後はローマで野獣の中に投げ込まれて殉教します。

ローマに護送されるまで、彼は各地の教会の人々から慰問を受け、それに対する感謝や異端に対する警告、教会の一致の勧めを手紙に記します。現存する彼の手紙はエフェソ、マグネシア、トラレス、ローマ、フィラデルフィア、スミルナのキリスト者への手紙と、ポリュカルポス（七〇年頃―一五五年頃）への手紙の七つであり、当時の教会の職制、教義、礼典などに関する貴重な資料となっていて、「キリスト教」に相当する用語が使用された最初期の文書です（G・ネラン他訳注『アンチオケのイグナチオ書簡』〔みすず書房／一九六〇年〕、荒井献編『使徒教父文書』〔講談社文芸文庫／一九九七年〕参照）。

例えば、イグナティオスは、人は誰でもキリストの弟子になれば、ユダヤ教的にではなく新たに「キリスト教的に生きること（クリスチアニスモス）」を学ぶようにと呼びかけ

（「マグネシアのキリスト者へ」10章1節）、「キリスト教（クリスチアニスモス）」がこの世の人々から憎まれる時、なすべきことは説得ではなく偉大さを示すことだと勧めています（「ローマのキリスト者へ」3章3節）。

特に興味深いのは、イグナティオスがアンティオキアの監督であった点です。「アンティオキアで弟子たちは初めてキリスト者（クリスチアノス）と呼ばれることになった」と聖書に記録されています（使徒言行録11章26節）。このアンティオキアのイグナティオスが「キリスト教（クリスチアニスモス）」という用語を文書において明示したのです。

また、現代に至るまで使用されている「公同教会、カトリック教会」という表現も、彼の手紙の中に見られます。イエス・キリストがおられる所に「公同教会（ヘー・カソリケー・エクレーシア）」があるのと同じように、監督がいる所に全会衆がいなければならないと説いて（「スミルナのキリスト者への手紙」8章2節）、彼はイエスと教会全体の一体性、教会の指導者と信徒全員の結束の重要性をキリスト教の揺籃期に強調しました。

このように、新しいキリスト教用語を明示したイグナティオスは、自分自身の通称「セオフォロス（神を担う者）」も紹介しています。彼は七つの手紙すべての冒頭で、「セオフォロス（神を担う者）とも呼ばれるイグナティオスより」と書き出し、文中でも例えばエフェソのキリスト者について、神の御名を担ぎ回っている異端を排除するだけでなく、父なる神の建築のために備えられた神殿の石として、イエスの十字架という引き上げ機と聖霊という綱によって高められる際に、神を担い、神殿を担い、キリストを担い、聖を担い、キリストの戒めによって飾られていることを喜ぶとしています（「エフェソのキリスト者へ」7章1節、9章1―2節）。特に当時の異端は、キリスト教をユダヤ教的に戻そうとするユダヤ教化とイエスの肉体は見せかけ上のものに過ぎないという仮現説です。この二つは思想的に親和関係にあります。

この「エフェソのキリスト者へ」の手紙は、彼が囚人として捕縛されたままシリアからローマへ連行される中途、現在のトルコの西部に位置するスミルナから南方のエフェソの教会に宛てて記したもので、エフェソの教会が使節団を派遣してくれたことに対する感謝も記しています。このエフェソは土着の宗教で有名でした（使徒言行録19章23―40節）。地元の人々はきらびやかな女神アルテミスの像やその神殿模型を担って行進し、その際に儀式用の祭服で着飾っていたのでしょう。

イグナティオスはこういう光景をキリスト教的に置き換えて、エフェソのキリスト者こそ真の神の神殿そのものであり、高く積み上げられると同時に、その神殿の中に神、キリスト、聖を担っていると言及して、三位一体の真の神への信仰を確認しています。ここで聖とは、聖霊によって分配される種々の賜物とも考えられます。イグナティオスはエフェソのキリスト者たちと同様に自分自身を神殿の堅固な石の一つと見なすことで、待ち受ける野獣の刑に対する極度の緊張の中でも確かな勇気を得たでしょう。野獣よりも真の神を恐れる点で、イグナティオスは「セオフォロス（神を担う者）」であるだけでなく、「セオフォボス（神を恐れる者）」だったのです。

そして、彼は殉教を急ぐかのように、殉教と復活を通して神に到達するための歩みよりも、この神に到達するために走ることを強調し、キリスト者を神の走者と理解しました（「マグネシアのキリスト者へ」7章2節、「フィラデルフィアのキリスト者へ」2章2節、「ポリュカルポスへの手紙」1章2節、6章1節、7章2節）。

このような殉教者の足跡は、十字架という縄目を担う者の足跡でもありました（「エフェソのキリスト者へ」11章2節）。しかし、この足跡は殉教を経て神に至る足跡である点で、究極的には神に導かれているものであり、神に支えられているものであり、神に担われているものです。イグナティオスはスミルナの教会の監督ポリュカルポスに対して、主があなたを担っているように、あらゆる人を担ってくださいと懇願しています（「ポリュカルポスへの手紙」1章2節)。主なる神、または主なるキリストに担われているという意識は、イグナティオス自身にも共有されていたでしょう。

イグナティオスの「セオフォロス」という通称は、通常「神を担う者」と訳されますが、「セオフォロス」の「フォ」にではなく一つ前の「オ」にアクセントを置くと「神に担われる者」という意味になります(Henry George Liddell & Robert Scott [comp.], *A Greek-English Lexicon with a Revised Supplement*, [Oxford: Clarendon Press, 1996] 七九二頁)。この二重の意味でイグナティオスの通称「セオフォロス」は、彼にとって真にふさわしいと言えます。

3　キリストを担うクリストフォロス

英語でクリストファー(Christopher)とか、その省略形であるクリス(Chris)という名前を時々耳にします。この名前は、ローマ皇帝デキウス(在位二四九年—二五一年)の迫害期に殉教した人物であるクリストフォロス(=クリストポルス)に由来しますが、後に彼に関する伝説が生じ、13世紀末にジェノヴァの大司教を務めたヤコブス・デ・ウォラギネによる『黄金伝説１―４』（人文書院／一九七九年―一九八七年）の『黄金伝説３』の中に「九五　聖クリストポルス」として収められています。

この伝説によると、ヨルダン川の西方カナン出身のレプロブスはこわもての巨漢としてカナンの王に仕えていましたが、最強の王に仕えたいと思い、そういう評判の王のもとに行き護衛を務めます。しかし、この王はある人の歌う歌の中で悪魔の名前が出て来ると、その度に恐れて額に十字の印を切って身を清めていました。そこで、レプロブスは次に獰猛な顔つきの騎士の姿をした悪魔に仕えますが、ある時この悪魔は街道に立っていた十字架を見るとレプロブスを連れて逃げ出しました。レプロブスが事情を聞くと、悪魔はキリストという男がかつて十字架に掛けられて以来、十字の印が恐いと白状します。さらに、レプロブスが一層強いキリストを探しに行くと、隠修士がキリストは断食と祈祷を求めると注意します。レプロブスがそれらは自分には無理だと答えると、水難者の絶えない川の川守りとして体躯を活かすことができると教えられます。

こうして、レプロブスは人々を担って川の向こう岸へ運んでいましたが、小屋で休んでいると、川渡しを頼む子どもの声が三度聞こえて来るので、その子を肩に乗せ、川に入って行くと、徐々にその子は重くなり、水位も高くなりました。レプロブスは溺れそうになりつつも何とか渡りきると、その子どもは世界の創造者、あなたの王キリストであると自己紹介をし、その証拠にレプロブスの使っていた杖を地中に植えると花を咲かせ、実ができると約束します。果たして、キリストの言うとおりになり、レプロブスはキリストを担う者、クリストフォロスとして以後は一人で伝道に出かけたのです。

元々のレプロブスという最初の名前は、「吟味して（probo）」突き「返す（re）」ように神が吟味して見捨てた「堕落者（reprobus）」という意味で、同義の英語（reprobate）にもなっています。そのような者として彼が求めた悪魔や悪霊はこの世の王国を支配していますが、イエスに勝ることはなく、すでにイエスから退散しているように（マタイによる福音書4章1―11節、使徒言行録19章11―20節）、この伝説においても王よりは悪魔が強く、悪魔よりはイエス・キリストが強いとされています。

そして、かつて最後の士師、最初の預言者と呼ばれたサムエルが神から三度確かに呼びかけられて神の業を開始したように（サムエル記上3章8―14節、7章6―17節、使徒言行録3章6節）、レプロブスも三度確かにキリストから呼びかけられます。この「三」は、イエスへの信仰告白をした人が御父、御子、聖霊という三重の名前によって三度額に水滴を付ける教会の洗礼の儀式も象徴しています（マタイによる福音書28章19節）。したがって、子どもは重くなり、水位も高くなることは、自然界をも支配しているキリストの権威によってレプロブスが洗礼へと導かれていた事態を示しています。この洗礼がこの後の彼の伝道の起点にもなっています。

また、レプロブスの杖が花を咲かせ、実ができたことは、紀元前13世紀にエジプト王ファラオと対峙したモーセとその兄アロンとアロンの杖を想起させます。この杖が花を咲かせ、アーモンドの実を結んだのです（民数記17章23節）。アロンは雄弁家であり、その杖を通して数々の奇跡が行われていました（出エジプト記4章14節、7章8―24節、8章1―15節）。同様にしてクリストフォロスは雄弁になり、奇跡を通して神の力を証ししました。

カトリック教会には人々の困窮時に神に執り成す力のある十四救難聖人がいますが、クリストフォロスはその一人として聖画に描かれ、教会や建物、門や塔に掲げられていて、旅や運送の安全を守る聖人として人気があります。

4　『きりしとほろ上人伝』

クリストフォロスの伝説を受容した最も有名な日本人は芥川龍之介（一八九二年―一九

二七年）です。それだけでなく、彼とキリスト教とは不即不離の関係にあります。学生時代に友人から英語聖書をもらい、その後はキリスト者になることはありませんでしたが、種々の作品の種本の一つとして活用し、「わたしのクリスト（＝キリスト）」を描いた『西方の人』（一九二七年）、『続西方の人』（一九二七年）を擱筆した後（『芥川龍之介全集5』［筑摩書房／一九七一年］）、薬物を摂取して翌日七月二十四日早朝亡くなります。その時の枕元には聖書が置かれていました（関口安義による『芥川龍之介　実像と虚像』［洋々社／一九八八年］、『芥川龍之介　闘いの生涯』［毎日新聞社／一九九二］、『芥川龍之介』［岩波新書／一九九五年］、『芥川龍之介　永遠の求道者』［洋々社／二〇〇五年］参照）。

芥川自身は『西方の人』冒頭で、自分とキリスト教とのかかわりを三つの時期に分けて述べています。それによると、北原白秋（一八八五年―一九四二年）などに学び、芸術的にカトリック・キリストを愛していた「十年ばかり前」の第一期、キリスト教のために殉教したキリスト者の心理に狂信的な興味を抱いた「何年か前」の第二期、そしてマタイ、マルコ、ルカ、ヨハネという四人の福音書記者の伝えるキリストを愛し始めた「この頃」である第三期があります。

彼はクリストフォロスの伝説の英訳本を利用し、「多少の潤色」を加えた形で『きりしとほろ上人伝』（一九一九年）を書きました。これは第二期に相当する作品ですが、この時期に彼がこのクリストフォロスの伝説をどう受容したのかを考えましょう。そこでまず、彼の『きりしとほろ上人伝』を前節のクリストフォロスの伝説要旨と同程度の長さで、相違点に留意しつつまとめてみます。

昔シリアの国の山奥に「れぷろぼす」という三丈（＝九メートル）の背丈の大男がいましたが、大きな頭髪の中に何羽もの四十雀を飼うほどの優しい心の持ち主でしたので、酒を酌み交わすなどして山人らと仲良くしていました。ある時、彼はその巨体を生かすべくこれらのことを後にして、天下無双の大将という評判のアンティオキアの帝のもとに出向いて仕え、隣国が攻めて来て戦が始まると、彼の活躍によって大勝利をもたらしました。しかし、夜の宴会で琵琶法師が吟じる今昔の合戦物語の中に悪魔という言葉が出て来るたびに、帝が恐れて十字の印を切っていたことから、れぷろぼすは今度は悪魔に仕えるために出て行こうとしますが、一同に捕らえられて監禁されました。

そこに、どこからともなく悪魔が緋色の衣を着た学者姿で現れて、泣き喚くれぷろぼすに三度優しく語りかけ、その監禁を解いて彼を抱えると、二人は空を駆けてエジプトのあるあばら家に降り立ちました。次に悪魔は美女に変装して、その家の隠者を誘惑しようとしますが、隠者は十字架をかざして「イエス・キリストの弟子に対して無礼だ」と怒り、その美女を退散させました。

夜が明けると、れぷろぼすはその隠者に「イエス・キリストの弟子になりたい」と相談しますが、隠者は一度悪魔の弟子となった者は枯れ木にバラの花が咲くまで、イエスに会うことはないと答え、御経や断食や徹夜の覚悟も尋ねて無理だと分かると、人馬泣かせの川の渡し守をして人々に親切にするなら、神も親切にしてくれるはずだと言って勧めます。れぷろぼすがこれを承知して、隠者が水瓶の水を彼に注ぐと、多くの四十雀の群が彼の頭の上に舞い降りました。こうして、彼の名は「きりしとほろ」となります。

きりしとほろは川の近くに庵を結び、親切に渡し守をすること三年、不思議なことにある悪天候の夜、私たちの父のもとへ帰るところだと言う白衣の子どもが川渡しを願うので、その子を担いで渡っていると、次第にその子は重くなり、思うように進まないので命を落とす覚悟までしました。しかし、二人が向こう岸へ着くと、その子はきりしとほろに、今宵担ったものは世界の苦しみを担ったイエス・キリストであると教えました。岸にはきりしとほろが突き刺した杖が残されていて、紅のバラの花が咲いていました。

芥川の「潤色」は相当なものです。

きりしとほろの頭上に元通り帰って来た四十雀が、別種の小鳥ではなく「四十」雀とされているのは、紀元前13世紀に古代イスラエルの民が荒野を流浪した「四十」年間（出エジプト記16章35節）、イエスが公生涯に入る前に悪魔による試練を受けるために荒野で断食をしていた「四十」日間と関係があるでしょう（マタイによる福音書4章2節）。四十雀が戻るまできりしとほろは、戦争や誘惑という荒々しい世界をさ迷ってきたからです。これに終止符を打ったのは、隠者が注いだ水瓶の水、キリスト教の洗礼の儀式でした。イエスの場合は、神の霊が鳩のように降りましたが（マタイによる福音書3章16節）、芥川は鳩を四十雀にしました。

こうして、きりしとほろはイエスを担って川を渡りますが、重くなっていくその重みの根源が世界の苦しみであることは、クリストフォロスが渡りきった後に、担っていた子どもこそ実は世界の創造者、王キリストであるとねぎらうように語りかけられるのとは対照的です。ますます重くなる世界の苦しみが芥川自身の実存的な徴候であることは、少なくともこの作品が書かれた時期から始まっていたと考えられます。この作品には、きりしとほろがイエスやその他のものに担われるという着想はありません。皮肉なことに、きりしとほろは悪魔にのみ抱きかかえられて担われているのです。

この時に、「三度」優しく語りかけた悪魔は、川渡しを頼む子どもに扮して「三度」呼びかけたイエスとも対照的です。新約聖書のヨハネの黙示録では、「竜の口から、獣の口から、偽預言者の口から、蛙のような三つの汚れた霊が出る」光景が描かれていますが（ヨハネの黙示録16章13節）、御父、御子、聖霊の三位一体に対して悪魔的三位一体であるこの竜、獣、偽預言者を悪魔の「三度」は想起させます（宮平望『ヨハネの黙示録　私訳と解説』［新教出版社／二〇一五年］二一八頁）。芥川はきりしとほろの背丈である「三丈」、渡し守をしていた「三年」というように、「三」という数字に対する固着を示していますが、「三」は人々を探して救う御父、御子、聖霊の三位一体と、人々を騙して滅ぼす竜、獣、偽預言者の悪魔的三位一体の双方を象徴しています。芥川は後者に引かれたようです。

芥川の死の前兆は、「紅のバラ」という表現にも見られます。クリストフォロスの伝説との関連で考えられるアーモンドの花の薄いピンク色と、このバラの紅色も対照的であり、紅色は殉教者の血をも象徴しています。薄いピンクを紅にするとは、悲劇的な「潤色」です。

5　救われるヒント

確かに、イエスは弟子たちに、「もし、誰でも私の後ろから付いて来ることを願うのなら、自分を拒み、自分の十字架を担い、私に従いなさい」と明言し（マタイによる福音書16章24節）、自分自身も実際に十字架を背負わされて処刑場に向かいました（ヨハネによる福音書19章17節）。しかし、このような強烈な状景の背後には、神がイスラエルの民を生まれた時から老いる日まで背負って歩んでいるという約束もあります（申命記１章31節、イザヤ書46章３―４節、63章９節）。また、弟子たちがイエスと同様に死に至る十字架を担うように命じられるのは、イエスと同様にその死後に起こされて復活するためです（マタイによる福音書20章19節）。

「足跡」の詩は人が神の子イエスに担われることに、「クリストフォロス」の伝説や『きりしとほろ上人伝』は人が神の子イエスを担うことに焦点を当てているようですが、イグナティオスの「セオフォロス」は神を担い、神に担われるという一見して二律背反の同一事態を指しています。おそらく、イエスは担い担われるということの事態を次のように別の表現で明解に示していたように思われます。

「労苦し、重荷を負わされたすべての人々は、私の所に来なさい。そうすれば、この私があなたたちを休ませよう。私は優しく、心がへりくだっているから、あなたたちは私のくびきを自分たちの上に負い、私から学びなさい。そうすれば、あなたたちは自分たちの魂に安らぎを見つけるだろう。というのは、私のくびきは負いやすく、私の荷は軽いからである」（マタイによる福音書11章28―30節）。

イエスと共に重荷を担うことで、人はその重荷を「担っている」と同時に、イエスに「担ってもらっている」と言えます。殉教者的意識に担う側面はあっても、担われる側面が欠けていたのかもしれません。真の殉教者意識はそれら双方を備えていたでしょう。

また、重荷は誰と共に運ぶかによって、性質が変容します。最悪であれば、それは単なる奴隷労働ですが、最善であれば、それはスポーツです。神と共に運ぶのであれば、それは天への旅路、旅行です。「救われる」ことは語源的に「掬《すく》われる」ことと同じですので、この世の罪の中に落ちこぼれている人々が、神の両手で丁寧に取り出されて、天へと運ばれることです。その際、傍らにはイエスが同行しています。このようにして救われる人の内に、救われるヒントが見いだされるような気がします。

第5章　「さようなら」は出会いの言葉

「グッドバイ」の神学的起源

1　「さようなら」

「さようなら」という別れの挨拶は、日本語では「左様なら、それならば」という意味で、そのような状況なので別れる事態を指しています。しかし、そのような状況が何なのかは、当事者全員または一部の人の都合なのか、あるいは当事者以外の何かの都合なのか明解ではありません。ところが英語では、「グッドバイ（Good-bye）」の意味は明白です。大抵の英語辞書には、それは「神があなた（たち）と共にいますように（God be with ye）」という意味であるとその語源が説明されています。

グッドバイの類義語として古風な言い方ですが、「フェアウェル（Farewell）」という表現があります。「フェア（fare）」は運賃を意味する単語として知られていますが、動詞なら人や物事が進むことを意味し、古くは旅に出ること、飲食物で持て成されることも意味しました（竹林滋編者代表『研究社　新英和大辞典』［研究社／二〇〇二年］八八二頁）。したがって、「フェアウェル（Farewell）」とは、「フェア（fare）」「ウェル（well）」、つまり、物事がうまく運ぶことや、安全に旅すること、その道中において満足に持て成されるようにという人々の気持ちが込められています。

ユダヤ・キリスト教世界において、これら二つの表現は表裏一体のような気がします。別れる相手に対して、私はいなくなるけれども神がこれから先はあなたと共にいますようにという願いは、具体的には神が旅の安全を守り、行く先々で衣食住が満たされますようにという願いです。この願いは比喩的な意味で旅立つ相手にも向けられるでしょう。その場合、それは結婚や就職で旅立つ相手に対する祝福でもありえます。

2　共にいる神

旧約聖書は「神があなたと共にいますように」という人々の願いが実現していることを教えるかのように、父なる神が人々と共にいたということを何度も強調しています。

聖書に登場する最初期の人々の一人であるエノクは神と共に歩み、神が取り去ったのでいなくなったと記されていますが（創世記５章24節）、文字どおりエノクの歩みは天への旅路でした。逆に、禁断の木の実を食べた最初の人アダムとエバは、園の中を歩く主なる神を避けて身を隠しました（創世記３章８節）。また、神は不法に満ちた世の中においてさえ正しく歩んでいたノアと共にいて、大洪水の危機を切り抜けさせました（創世記６章９―13節）。さらに、神はイスラエルの民の父祖となるアブラハムをカルデアのウルから導き出した時から共にいて（創世記15章７節、21章22節）、その子イサクとも（創世記26章３節）、イサクの子ヤコブ（＝イスラエル）とも、共にいました（創世記28章15節）。

ヤコブは興味深いことに、兄のエサウがもらうはずの父からの祝福を騙し取って逃亡の旅に出ておきながら（創世記25章27―34節、27章18節―28章５節）、依然として神が共に歩んで旅路を守り、衣食を満たしてくれることを願っています（創世記28章20節）。ヤコブの秘蔵っ子ヨセフは兄弟たちから妬まれてエジプトに売られますが、やはり神がヨセフと共にいたのでうまく事を運ぶことができました（創世記37章12―36節、39章2―6節）。晩年にヤコブはヨセフに、自分はまもなく死ぬけれども、神がヨセフらと共にいてくださると言い切ります（創世記48章21節）。これこそ、まさしくグッドバイです。ヨセフの兄弟レビの子孫であるモーセとも神は共にいて（出エジプト記3章12節）、エジプト王ファラオの圧政から同胞を導き出します（出エジプト記12章37―42節）。

このように実に多くの民と神は共にいました。ヘブライ人への手紙の著者は、最初の夫婦アダムとエバの次男アベルから初めて信仰の勇者たちに言及し（創世記4章1―2節、ヘブライ人への手紙11章）、モーセとあと何人かの説明をしてから、「そして、私は何をさらに語ろう。実に、ギデオン、バラク、サムソン、エフタ、ダビデ、サムエル、また、預言者たちについて説明するなら、私には時間が足りないだろう」と音を上げました（ヘブライ人への手紙11章32節）。同感です。

しかしながら、次の点は説明し続ける必要があります。神は紀元前10世紀のイスラエル王国のダビデ王とその子ソロモン王とも共にいて（サムエル記下7章9節、列王記上1章37節）、彼らを守り導きました。そして、彼らの子孫であるイエスの母となるマリアに対して（マタイによる福音書1章1―18節）、天使ガブリエルは、「ごきげんよう、恵まれている方。主があなたと共にいる」という挨拶をしました（ルカによる福音書1章28節）。紀元前8世紀の南ユダ王国の預言者イザヤが、乙女が身ごもって男の子を産み、その名前は「インマヌエル（「私たちと共に神はいる」という意味）」と呼ばれると預言したことを考慮すると（イザヤ書7章14節、マタイによる福音書1章23節）、その天使の言葉はイザヤの預言の実現でもあり、マリアに宿されたイエスを通して神の恵みを実質的に展開する神の計画の頂点です。

したがって、イエスの登場以後の新約聖書における種々の手紙の終わりの挨拶文はほとんどすべて、主である神またはイエスの恵みがあなたたちと共にありますようにというものです（ローマ人への手紙16章24節、コリント人への手紙一16章23節、コリント人への手紙二13章13節、ガラテヤ人への手紙6章18節、エフェソ人への手紙6章24節、フィリピ人への手紙4章23節、コロサイ人への手紙4章18節、テサロニケ人への手紙一5章28節、テサロニケ人への手紙二3章18節、テモテへの手紙一6章21節、テモテへの手紙二4章22節、テトスへの手紙3章15節、フィレモンへの手紙1章25節、ヘブライ人への手紙13章25節、ペトロの手紙一5章12節、ペトロの手紙二3章18節、ヨハネの黙示録22章21節）。この恵みは、イエスが罪人をその罪の状態から取り戻す点において十分に発揮されています。

3　買い戻す神

通常の英語辞典には掲載されていないようですが、語源辞典を参照すると、「グッドバイ（Good-bye）」の語源のもう一つの可能性として「神があなた（たち）を買い取りますように（God buy ye）」と記されています（寺澤芳雄編『英語語源辞典』〔研究社／一九九七年〕五八三頁。*The Oxford English Dictionary Second Edition Vol. VI*,〔Oxford University Press, 1989〕六七五頁も参照）。「グッドバイ（Good-bye）」の「バイ（bye）」は「買う（buy）」と発音が同じであるため、この可能性も否定しにくいようで、驚きを表す「まさか（My God）」という表現に「まさか（My Goodness）」という婉曲形があるように、主として17世紀以降、ピューリタンたちが神の名前をみだりに唱えてはならないという十戒の一文に基づいて（出エジプト記20章7節）、Godを避けてGoodにしたようです。これには「おはよう、良い朝を（Good Morning）」などの挨拶の「良い（Good）」からの類推も働いたはずであるとのことです。

聖書において買い取るという行為は、「贖う」ことと深く結び付いています。英語には救うことを示す「贖う（redeem）」という表現がありますが、これはラテン語の「買い

（emo）」「戻す（re）」という意味に由来しています（寺澤の前掲書一一六二頁）。イエスも、「仕えられるためにではなく、仕えるために、そして、多くの人々のための身代金として自分の魂を与えるために来た」と語っています（マタイによる福音書20章28節）。

ここで「贖う（ルトロオー）」という用語を構成する「身代金（ルトロン）」は、奴隷や捕虜や囚人を「解放する（ルオー）」ために必要な代価を含みます（出エジプト記21章30節、レビ記19章20節、民数記35章31節、イザヤ書45章13節）。イエスは律法が定めた罪に捕らわれた多くの人々をその罪から解放するために、自らの貴い魂を多くの罪人の代価として十字架上で血を流してささげました。この時、イエスの魂という貴い身代金は直接的には「多くの人々のため」に支払われるものですが（ルカによる福音書23章46節、コリント人への手紙一6章20節、7章23節、テモテへの手紙一2章6節、テトスへの手紙2章14節、ヘブライ人への手紙9章12節）、その先、究極的には誰に支払われるものなのかという問題があります。

第一に、イエスの魂という身代金は、人間の究極的な所有者である父なる神に支払われるものです。人の準備できる有限の身代金は神に対しては不十分であり、人は神に対して身代金を払って同胞を贖うことはできないので（詩編49編8節）、無限の価値がある自らの魂で罪人の身代金を父なる神に支払いができるのは、神の子イエスしかいません。この時、贖われた多くの罪人はその身代金と共に究極的には父なる神のもとに返されます（ガラテヤ人への手紙4章5節、エフェソ人への手紙1章14節、テトスへの手紙2章14節）。

律法では、盗まれた物が見つけられた場合、盗んだ人はそれを二倍にして償うことが命じられています（出エジプト記22章3―8節）。罪人はある意味で父なる神から悪魔が盗んだ神の子であり（ヨハネによる福音書10章1―30節）、この罪人が見つけられた場合、奪い取ることしかできない悪魔は二倍にして償うことができないので、神の子イエスが罪人の本来の究極的な所有者である父なる神に、罪人をその身代金と共に返します。身代金は罪人の値段ですので、こうして父なる神に元罪人と身代金、つまり元罪人の二倍相当のものが返されることになります。

第二に、この第一の点と同時に強調しなければならないのは、イエスの無限の価値がある魂は、罪人を盗み取った悪魔に対して支払われるものでもあります。イエスが罪人を贖うということは、罪を主人とする罪の奴隷となった罪人を助け出すために（ヨハネによる福音書8章23節、ローマ人への手紙6章6、17、20、22節）、一時的な所有者である悪魔からその奴隷である罪人を買い取るということです。つまり、イエスが罪人をその主人から買い戻して解放するということは、罪人は自らの魂を言わば悪魔に売り渡したという側面もあるので、イエスが悪魔に罪人の身代金を支払ってその罪人を買い戻すという意味です。こうして、盗まれたものが悪魔のもとで見つかり、究極的な所有者である父なる神に二倍にして返されるのです。

第三に、イエスの無限の価値がある魂は、単に罪人を解放して父なる神のもとに返すだけでなく、罪人たちの主人である悪魔をも清めるのに十分な力を発揮するでしょう。それは、悪魔をも言わば悪から解放して清め、悪そのものを消滅させることができるほどのものです。この働きを継続するのは、聖霊なる神です。

4 傍らで助ける神

「Good-bye（グッドバイ）」という単語を眺めていますと、「God be with ye（神があなた［たち］と共にいますように）」や「God buy ye（神があなた［たち］を買い取りますように）」という由来だけでなく、「God be by ye（神があなた［たち］の傍らにいますように）」という由来も想定できるのではないかという気がしてきます。もちろん、辞書などに「Good-bye」の語源の可能性の一つとして「God be by ye」があるという解説は、今のところ見当たりません。この可能性は、私自身の想定です。

「グッドバイ（Good-bye）」の「バイ（bye）」は「買う（buy）」と発音が同じであるため、「神があなた（たち）を買い取りますように（God buy ye）」という語源の可能性も否定しにくいとされているのと同様に、「グッドバイ（Good-bye）」の「バイ（bye）」は「傍らに（by）」と発音が同じであるため、「神があなた（たち）の傍らにいますように（God be by ye）」という語源の可能性も否定しにくいと思われるのです。

このような想定は、英語が主としてキリスト教文化圏で発達したことと関係があります。「グッドバイ（Good-bye）」の「グッド（Good）」の由来が「神（God）」であることについては異論がないようなので、神論について考えますと、キリスト教の神論において最も特徴的な教えはおそらく三位一体論でしょう。これは、ユダヤ教の唯一神論や当時の周辺諸宗教の多神教との明解な差異を示しています。三位一体の神は単に唯一の神であるだけでなく、かと言って不特定多数の神々でもなく、御父、御子、聖霊の三者が一体であるというものです。

父なる神が人々と共にいる神であり、子なる神が人々を買い戻す神であるとすると、聖霊なる神は、聖書の定義によると、人々の傍らにいる神です（宮平望『ヨハネによる福音書私訳と解説』〔新教出版社／二〇一〇年〕三四六頁参照）。人々の傍らに呼び寄せられて、あるいは人々を傍らに呼び寄せて、そうして人々を助ける神です。イエスはいずれ弟子たちのもとから離れるので、神と神の子イエスについてすべてを教える聖霊を弟子たちに送ることに言及して、「この私が父に頼むと、彼はあなたたちにもう一人の助け主を与え、いつまでもあなたたちと共にいるようにするだろう」と約束しました（ヨハネによる福音書14章16節）。

聖霊はここでは、元々法廷においてある人を弁護するために、その人の傍らに呼び寄せられる人を意味していた「助け主（パラクレートス）」という表現に言い換えられていますが（ルカによる福音書12章11―12節、ヨハネによる福音書14章17、26節、15章26節、16章7節）、それは聖霊が人々を「傍らに（パラ）」「呼び（カレオー）」寄せて、または人の傍らに呼び寄せられて、味方になり、いつまでも共にいて人々に教えと助けを与えるからです。

また、聖霊が「もう一人の助け主」と呼ばれていることは、イエス自身が神の子として言わば第一の助け主の役割を実際に果たしていることを示しています（ヨハネの手紙一2章1節）。こうして、旧約時代から父なる神が人々と共にいたように、イエスも人々と共にいて（マタイによる福音書1章23節、28章20節）、イエスの後には聖霊が人々と共にいて人々を助けているのです。

5　神との出会いの言葉

このように「グッドバイ（Good-bye）」とは、神が共にいて、罪人を買い戻し、人々を傍らで助けることを願う挨拶であることを考慮すると、この別れの挨拶は人との別離の言葉というよりも、むしろこのような神との出会いの言葉であると言えます。旧約聖書では神と共に歩むという表現も多々見られますので、主として父なる神は共に歩みつつ人々を導き、子なる神イエスは道からはぐれた人々を取り戻し、聖霊なる神は必要な援助をするという三位一体論的解説もできるでしょう。

日本語の「さようなら」は、このようであるのでという意味が示唆しているように、過去から現在に至る状況を相手に指し示しますが、これとは対照的に「グッドバイ」は、これから神が先導し、救い上げ、励ますという将来的展望を描き出しています。この歩みは、イエス自身が「この私は、命に至る真の道である。私を通してでなければ、父の所に来る人は誰もいない」と説いたように（ヨハネによる福音書14章6節）、最終的には「命」の源である天の父なる神に至る旅路です。イエスは最も困難な道であったにもかかわらず、十字架刑の「道」をすでに踏破しているので、それが「真」であるという言葉は信頼できます。「真（true）」という英語は語源的には「木（tree）」と同じで、「木（tree）」のように動じない堅固な様子を意味します（寺澤芳雄編『英語語源辞典』［研究社／一九九七年］一四六七頁）。他方、新約聖書のギリシャ語で「十字架（スタウロス）」は、「木（クスロン）」とも表現されています（使徒言行録５章30節、ガラテヤ人への手紙３章13節、ペトロの手紙一２章24節）。地面に「据える（ヒステーミ）」立て「木」、つまり縦「木」が十字架だからです。すると、これらのことから、イエスが引き受けた十字架は地上における揺るがない道標であり、人々の歩みを導く真の印であると言えるでしょう。

また、イエスの時代の十字架刑において、縦木に付ける横木は受刑者に担わせて、衆人環視の中を引き回して縦木のある処刑場まで運ばせていましたので、イエスに従いつつ共に歩む人々は、言わばイエスと共に十字架を担いつつ歩む姿になぞらえられています（マルコによる福音書８章34節、ローマ人への手紙６章６節、コリント人への手紙二13章４節、ガラテヤ人への手紙２章19節）。イエスが、「あなたたちは私のくびきを自分たちの上に負い、私から学びなさい。そうすれば、あなたたちは自分たちの魂に安らぎを見つけるだろう。というのは、私のくびきは負いやすく、私の荷は軽いからである」と勧めているように（マタイによる福音書11章28―30節）、神の子イエスが共にいるなら、重荷も足運びも軽くなります。

こうした歩みの終着点である父なる神の自己紹介による名前が「私はある（I am）」という者であることは（出エジプト記3章14節）、一見、抽象的なこの名前の意味が御父、御子、聖霊との実存的関係を経て初めて明示されることを教えていると思われます。つまり、神はあたかも、「私はあなたと共に歩む者であり、はぐれたあなたを取り戻す者であり、傍らであなたを助ける者である」と言う代わりに、短く「私はある」、「私はいなくなることはない」、「あなたは人と別れても私と別れることは決してない」と約束しているのです。この神のあり方は、御父、御子、聖霊のそれぞれのあり方に対応して様々であり、他のあり方もありうるでしょう。

英語で言うなら、「God is with you（神はあなたと共にいる）」、「God is buying you（神はあなたを買い戻している）」、「God is by you（神はあなたの傍らにいる）」という三位一体の神と人とのあり方を共通項に絞って包括的に表現すると、単に「God is（神はいる）」になります。このことをこの世に明確に示し、このことを繰り返し教える聖霊を送ったイエスの名前が「インマヌエル」、つまり「私たちと共に神はいる」であることは（マタイによる福音書１章23節）、真の神、真の救い主の名前として真にふさわしいものであると思います。

おわりに

本書は『ゴスペルエッセンス』、『ゴスペルフォーラム』、『ゴスペルスピリット』に引き続き、私自身の心に深く残った話題を色々な分野から集めたものです。

今回も各章において音楽、数学、歴史、文学、言語といった様々な学問領域に渡る内容を取り扱いました。やはり、どれもこれも調べ始めると際限がないものばかりですが、再び時間と字数を勘案して、いつもお世話になっています新教出版社代表取締役社長の小林望氏の手にゆだねることにしたいと思います。

なお、本書の文中において氏名の引用は歴史的記述方法に従って、敬称を省略させていただきました。ご了承のほど、どうぞよろしくお願い申し上げます。また、新約聖書からの引用箇所につきましては、拙著「私訳と解説」シリーズ全十二巻の該当箇所もご参照いただければ幸甚です。

この福音を多くの人と共有できることを願って、再び読者の一人ひとりにこの5つの話を贈ります。

宮平　望

著者

宮平　望（みやひら・のぞむ）

一九六六年生まれ。同志社大学、ハーバード大学、オックスフォード大学、ケンブリッジ大学などで学ぶ。現在、西南学院大学国際文化学部教授、神学博士。著書には、『神の和の神学へ向けて』、『責任を取り、意味を与える神』、『苦難を担い、救いへ導く神』、『戦争を鎮め、平和を築く神』、『現代アメリカ神学思想』、『神の和の神学入門』、新約聖書「私訳と解説」シリーズ全十二巻、『ゴスペルエッセンス』、『ゴスペルフォーラム』、『ゴスペルスピリット』、『ジョン・マクマレー研究』、『ディズニーランド研究』などがある。詳しくは、ウェブサイト「宮平望のホームルーム」を参照。

ゴスペルハーモニー

君に贈る５つの話

●

2019年8月10日　第1版第1刷発行

著　者……宮平　望
発行者……小林　望
発行所……株式会社新教出版社
〒162-0814 東京都新宿区新小川町 9-1
電話（代表）03-3260-6148
振替 00180-1-9991

印刷・製本……株式会社カシヨ

ISBN 978-4-400-51755-9　C1016